건 축 가   김 석 재

신앙수기

건 축 가   김 석 재

신앙수기

2020년 9월 29일 초판 1쇄 인쇄
2020년 10월 8일 초판 1쇄 발행

지 은 이 | 김석재
펴 낸 이 | 김영호
펴 낸 곳 | 도서출판 동연
등   록 | 제1-1383호(1992. 6. 12)
주   소 | 서울시 마포구 월드컵로 163-3
전   화 | (02)335-2630
전   송 | (02)335-2640
이 메 일 | yh4321@gmail.com

ISBN 978-89-6447-612-3 03040

건 축 가 김 석 재
신앙수기

김석재 지음

동연

차 례

2부 김석재의 건축물들

재림교회/현대미술관/정동교회/국군중앙교회·육군군종
센터/춘천중앙교회/Dr. POITRASS의 집/인천 주안교회/
수원 제암교회/원주제일교회/인사동 통인가게/연세대학
교 루스채플/인천 작전동교회/화가 윤명로의 집/특전사령
부교회/서울 Korea BLDG/서울 Union Club-Clark Hatch
Physical Fitness Center/서울 명륜플라자/서울 경동교회/
고신대학교 의학부 본관 리노베이션, 리모델링/국립보건원
유전체 연구소 증축/국립의료원 장례식장/충북대학교 GLP
연구소/가원중학교 교사 증축/CGS-PROJECT(발효 병합
처리시설)

오직 성령이 너희에게 임하시면 너희가 권능을
받고 예루살렘과 온 유대와 사마리아와 땅끝까지
이르러 내 증인이 되리라 하시니라
이 말씀을 마치시고 저희 보는데서 올리워 가시
니 구름이 저를 가리워 보이지 않게 하더라

사도행전 1장 8-9절

또 내가 그리스도의 이름을 부르는 곳에는 복음
을 전하지 않기로 힘썼노니 이는 남의 터 위에 건
축하지 아니하려 함이라

로마서 15장 20절

너희는 여호와를 영원히 의뢰하라 주 여호와는
영원한 반석이심이로다

이사야 26장 4절

나는 심었고 아볼로는 물을 주었으되 오직 하나
님은 자라나게 하셨나니

고린도전서 3장 6절

1부
김 석 재 의 발 자 취

제1장

어머님의 믿음과 사랑

모태 신앙, 유년 시절

저는 1937년 9월 경기도 김포군 계양면 박촌리(현 인천광역시 계양구 박촌동)에서 아버지(故 김명덕)와 어머니(故 이복희 권사)의 3남 2녀 중 둘째로 태어났습니다. 아버지는 부지런하시고 손재주가 좋아 무엇이든 잘 만드시고 그림도 잘 그리시는 등 미적 센스가 있는 분이셨습니다. 그러한 재능이 저에게 이어져 건축가로서 토대가 되지 않았나 생각됩니다.

어머니는 성품이 온유하고 남에게 베풀기를 좋아하시고, 가난한 농사꾼 집안으로 시집 오셔서 아버지와 함께 부지런히 논밭을 일구어 집안을 일으키신 분이셨습니다. 어느 이른 새벽 쇠죽을 끓이시던 중 교회 새벽 종소리에 마음이 움직여 자진해서 교회에 나가시게 되었고 그 신앙의 명맥이 나에게도 이어지게 되었습니다. 나는 비가 내리고 해가 뜨지 않은 암흑 같은 시간이라도, 진흙 수렁길을 지나 새벽 기도 예배를 다녔습니다. 새벽 예배를 마치면 어머님은 당신의 두루마기 옷으로 나를 덮어 주시고 당신 혼자 쇠죽을 쑤시러 집에 먼저 가시고 나는 엎디어 기도하고 혼자 집으로 오곤 했습니다.

어머님의 베푸심

1940-1950년대 우리나라는 거의 모두가 가난할 때여서 끼니를 동냥하러 다니는 거지들이 많았는데 어머니는 넉넉하지 않은 집안 형편에도 집으로 찾아 오는 거지들을 극진히 맞아 주셨습니다.이러한 소문을 듣고 하루에 20명 정도가 우리 집에 들러 가곤 했는데 그들을 대접하시면서 "예수 믿느냐? 예수 믿고 구원 받아 같이 천국 가십시다" 하시며 전도를 하셨습니다. 문간 안에 멍석을 깔아 대접해 주시고 마주 앉아 그들과 이야기하시던 모습이 기억에 생생합니다. 당시에는 보따리 장사를 하시는 여자 행상인들이 많았습니다. 그들이 식사를 하지 않은 채로 찾아 오면 당신 밥을 끓여 같이 드시곤 하셨습니다. 어머님은 말로만 전도를 하신 분이 아니라 행동으로 사람들의 마음을 움직이셨고 그로 인해 많은 사람이 하나님께 나아오게 되었습니다.

어머니는 목사님 섬기기를 주님께 하시듯 하셨습니

어머니

다. 밭에서 수확되는 채소, 곡물도 제일 먼저 목사님 댁으로 가져다 드리셨고, 맛있는 음식이라도 하게 되면 늘 먼저 사택에 가져다 드리고 나서야 가족과 드셨습니다. 목사님 전용의 밥상을 건넛방 벽에 항시 걸어 두고 식기와 방석 등을 목사님 전용으로만 사용하였습니다.

부천에 계신 오갑석 목사님께서 1년에 한 번 우리 집에 심방을 오실 때면 어머님은 극진히 영접하셨습니다. 어린 아이였던 나는 오 목사님이 예수님인 줄 알았다가 그후 나중에야 목사님으로 알게 되었습니다.

당시 우리 교회 담임이셨던 김연호 목사님의 사모님이 폐결핵에 걸렸습니다. 당시 폐결핵은 불치병이고 무서운 전염병이어서 그 환자를 누구도 가까이하기를 꺼려 했습니다. 그런데 어머님이 우리집 사랑방에서 사모님과 아기 김성호(현재 목사님)을 모셔와 돌봐 드리고 같이 생활하셨습니다. 하나님의 은혜와 어머님의 정성으로 인해 사모님은 건강을 회복하게 되었고 교인들은 물론 동네 사람들이 모두 어머니를 칭찬했습니다. 새삼 어머니의 믿음과 사랑이 크심을 생각합니다.

어머님의 기도

우리 교회의 장로님과 한 권사님 간에 불화가 있었습니다. 그로 인해 마음이 불편해진 권사님은 교회에 출석하지 않게 되었고 어머님은 수년 동안 이들의 화해를 위해 계속 기도하셨습니다. 이 일은 두 사람만의 일이 아니라 좁은 시골 마을에 소문이 다 나서 하나님의 영광을 가리게 되는 것에 매우 가슴 아파하셨습니다.

건축가 김석재 신앙수기

내가 고등학생이던 어느 해 겨울 교회에서 부흥회가 있었습니다. 참석자들이 너무 많아서 제단 위에도 교인들이 올라가 앉았습니다. 밤 성회가 끝나고 집으로 향하고 있는데 어느 분이 어머님이 돌아가셨다고 하셔서 급히 달려가 보니 어머니는 팔을 뻗은채 눈을 감고 누워 계셨습니다. 흡사 그 모습이 십자가 형상과도 같았습니다.

심장과 맥박이 멎은 상태여서 나는 당황해서 어쩔 줄을 모르고 있는데 갑자기 어머니께서 "석재야, 어서 가서 권사님을 모시고 오너라"라고 말씀을 하셨습니다. 나는 급히 달려가 권사님을 급히 모시고 교회로 달려왔습니다. 교회 제단 위에는 목사님들과 장로님들 그리고 많은 성도가 모여 있었습니다. 어머님께서는 장로님과 권사님에게 손을 잡으라고 말씀을 하셨습니다. 장로님과 권사님이 손을 잡자 어머님 음성이 아닌 돌아가신 그 권사님의 어머님 목소리가 나오는 것이었습니다. 그소리를 듣고 그 자리에 있던 성도들은 모두 울음바다가 되었습니다.

"왜 불화로 교회에 문제를 일으키고 있느냐? 이복희 권사의 계속되는 간절한 기도로 이 시간 우리가 함께 만나게 되었으니 이제 회개하거라."

이 말을 듣고 장로님과 권사님은 울면서 화해를 했고, 어머님은 다시 소생하시어 숨을 쉬시고 눈을 뜨고 자기 음성으로 말씀을 하였습니다. 어머님은 일주일 후 회복하셨는데 해당 장로님과 권사님이 집에 오셔서 같이 함께 예배를 드리고 뜨거운 화평의 열매를 맺게 되었습니다. 어머님의 뜨거운 기도로 이러한 놀라운 일을 경험한 나는 이 일을 평생마음 속에 간직하게 되었습니다.

어머님의 표정은 누구에게나 언제나 사랑의 웃는 표정이었습니다. 타 교회로 이전하신 목사님들이 우리 교회를 다니러 오시면 제일 먼저 우리집에 들러 우리 어머님을 만났습니다. 동네 사람 중에서 이사 간 사람도 마을에 오면 우리 어머님을 먼저 만났습니다. 누구든 간에 사랑으로 대하셨습니다. 남을 비난하거나 욕하는 모습을 보지 못했습니다. 내가 서울로 통학할 때 도보로 새벽 20리 길을 출발해 나가면 어머님은 교회로 새벽 기도를 가셨습니다. 나는 서울에서 하숙과 자취 생활을 할 때 늘 어머님을 생각하며 힘을 내곤 했습니다.

어머님은 나의 사업이 부도가 나서 1년 동안 구치소 생활할 때 하늘 나라로 소천하셨습니다. 구치소에 있는 나에게 어머님이 나의 아들을 통해 두 번 전해주신 성경 말씀이 있습니다.

주 여호와를 영원히 신뢰하라. 주 여호와는 영원한 반석이심이로다.

(이사야 26장 4절)

제2장

학교(믿음)생활

나는 일제시대에 국민학교를 다녔고 6.25 동란 속에서 중학교 생활을 했으며 그 이후 대학과 대학원까지 하느님께서 순간순간 인도하셨음을 믿습니다. 늘 새벽 기도를 다니고 주일을 성수하려고 주일에는 책을 잡지 않았습니다. 그래도 하나님께서 지혜를 주셔서 성동기계공고를 일등으로 졸업했습니다. 고3 때 육사를 진학하고자 최선을 다했지만 결과는 불합격하고 말았습니다.

나중에 전해 들은 바로는 나의 형(김경재)이 6.25 전쟁 인천 상륙 작전때 의용군으로 소집되어 북한으로 끌려가서 생사 확인이 안되기 때문에 호적에는 북송, 행방 불명으로 기재되어 있어 육사에 불합격된 것이었습니다.

특차로 육사에 불합격 된 다음, 서울대, 연대, 고대에는 시간상 무시험이 불가하여, 그동안 생각도 안해 봤던 한양대학교 공과대학 건축과에 입학하게 되었습니다. 그 당시 나는 고등학교 때의 우수한 성적으로

원하는 곳에 넉넉히 합격할 줄 알고 있다가 생각치도 않은 학교와 건축과에 가게 되어 매우 실망과 좌절을 하게 되었습니다. 하지만 하나님은 놀라운 계획 속에 저를 건축가의 길로 인도하셨음을 깨닫게 되었습니다.

돌이켜 보면 예수님도, 사도 바울도 건축가셨습니다.

제3장

김중업 건축연구소 생활

대학교 4학년때 국전에 출품을 하고, 밤늦게까지 또다른 건축작품을 하면서 심사 결과를 기다리고 있었습니다. 라디오에서 국전 심사 결과 방송을 하고 있었는데 아나운서가 심사위원장 김중업 선생님께서 마지막 심사평을 전해 준다고 했습니다. 선생님께서는 매우 굳어진 음성으로 "나는 김석재 학생에게 대상을 주지 못한 것을 매우 죄스럽게 생각합니다"라고 하셨습니다.

나는 대상은 못 탔지만 심사 위원장님의 안타까워하심에 감사하기도 하고 죄송하기도 했습니다. 한 주 후 누군가가 학교 교수실에서 나

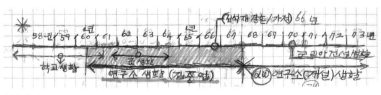

연대기

내 건축의 스승 김중업

를 찾는다고 해서 가보니, 문 앞에서 김중업 선생님께서 기다리시다가 나를 보시고는 쓰다듬으며 말씀하셨습니다. "내가 너를 얼마나 찾았는지… 내일 연구소로 오거라. 평생 건축을 같이 하자."

김중업 선생님은 세계 예술가 대회에 한국 대표로 가셨다가, 21세기 세계 건축가 3인 중 유일한 생존자이시던 르 코르뷔지에의 건축가에게 선택을 받고 그분의 프랑스 연구소에서 3년 가까이 수련하신 우리나라의 거장 건축가셨습니다.

나는 그다음 날부터 김중업 건축 연구소에 출근하기 시작하여, 4학년 2학기 출석을 안 하고 시험만 보면서 졸업장을 탔습니다.

주한 프랑스 대사관은 르 코르뷔지에가 주창한 현대 건축의 원리와 한국의 서정과 얼을 조화시킨 걸작으로 평가되면서 한국 모더니즘 건축의 효시라 일컫고 있으며, 조선일보에서 실시한 한국 50년 걸작 건

건축연구소에서 작업 중인 모습

김중업 선생님과 건축연구소 동료들과 함께

18

김중업 선생님의 대표작 – 주한 프랑스 대사관(1961)

축물 20선에서 김수근 선생이 설계한 공간 사옥과 함께 1위로 선정된 작품입니다.

나는 군생활을 포함해서 1960년부터 1967년까지 8년간을 김중업 건축 연구소에서 근무했습니다. 그곳에서 한국 전통 건축과 현대 건축 작업을 이수했습니다.

제주대학교 본관은 곡선이 주조가 되어 유기적이고 관능적이고 여유로움이 느껴지는 작품으로 제주도 현대 건축사의 대표작으로 꼽혀 왔습니다. 뒷편의 경사로는 제주의 초가, 올레길을 연상시키는데 김중업 선생님은 이것을 제주도의 낭만이라고 표현하셨습니다. 저는 이때 선생님 밑에서 이 설계의 많은 부분을 담당했습니다.

하지만 보존하자는 건축계의 외침에도 건물의 노후화를 핑계로

舊 제주대학교 본관(1964)

1995년 5월에 이 건물은 철거되어 매우 안타깝게 생각합니다.

서양 문물 속에서 교육받은 자신을 채찍질해가며 우리 것을 찾기 위해 진력을 다하시는 선생님의 모습을 지켜보며 나는 숙연하지 않을 수가 없었습니다. 자신의 것을 잃지 않는 범위 내에서 우리의 것, 우리의 전통을 확고히 다지는 길만이 세계 무대에 우리의 건축 문화를 전개해 나갈 수 있는 방법이라고 선생님은 생각하셨던 것입니다.

지금도 나는 그 뜨거운 열정의 도가니였던 선생님의 연구소를 잊을 수가 없습니다. 먼저 자신이 진실하지 않고는 진실한 건축을 할 수 없다는 것을 강조하시던 선생님, 최선에 만족하지 않고 꾸준한 집념과 연구의 투지속에서 무언가를 찾아야 한다고 가르치셨습니다.

지금은 설계와 시공이 분리되었지만 당시는 설계와 시공을 건설업 면허 없이 한곳에서 하는 실정이었습니다. 나는 그곳에서 진행되는 프로젝트를 통해서 설계, 감리 감독과 시공의 소중한 경험을 하게 되었습니다.

나로 하여금 많은 것을 배울 기회를 주신 하나님과 당신의 모든 것을 미흡한 내게 전해주시려 했던 선생님께 한 없는 감사를 드립니다. 또 나의 부족함에 고개를 숙일 뿐입니다.

건축가 김석재 신앙수기

제4장

군 생활

나의 군 생활 34개월 동안 주님께서 순간순간 인도하시고 보호해 주셨습니다. 나는 대학 졸업 직후 군 징집영장을 받고 입대하였습니다.

제2 훈련소를 마치고 공병 학교에 지망하여 교육을 받았습니다. 학교에서 5등 이내 성적이 되면 본인이 원하는 지역, 부대로 배치를 받는 것이었는데, 졸업 성적이 2등이 되었던 나는 용산에 있는 육군 본부에 지원해서 가게 되었습니다. 배치를 받고 가보니 305 공병 작업대대였는데, 주 업무는 육군 시설의 유지 관리였습니다. 이등병이 중대장 보좌 감독 임무를 수행하다 보니 밤마다 맞아서 궁뎅이가 시커멓게 되었습니다. 그러던 중 카투사 응모에 차출되어 부평에 있는 미 44 공병단에 배속되어서 설계 업무를 담당케 되었습니다. 그곳 미군 장교들은 출·퇴근과 주·야간 없이 자발적으로 근무를 하고 있어서 나도 그들과 같이 주·야간 근무를 했습니다.

미군에서 카투사는 18개월 근무 후에는 다시 한국군으로 귀대하는

신인 건축상 수상

것인데, 나의 근무 태도와 능력을 인정받아 대대장 권한으로 5차례나(2개월×5차례=10개월) 연장 근무케 되었습니다.

또 문공부에서 매년 신인 예술상(국전과 동일)을 시행하였는데 우연히 나의 군 휴가 기간과 작품 접수 마감일이 같았습니다. 그 20일 휴가 기간에 "현대미술관" 작품을 제작 출품하여 건축 부문 수석상을 받게 되었습니다.

군 복무기간 동안 예술전에 참가해서 상을 타게 된 것은 기적과도 같은 일이었습니다.

내가 군에 입대할 때 김중업 선생님께서는 "전역하고 그다음 날 일찍이 출근하거라" 하셨기에 나는 군 전역 다음날 바로 출근하여 모두 함께 웃었습니다. 군 생활동안 아무 사고 없이 미군에서 설계업무를 담당하며 전역하게 되었음을 하나님께 영광과 감사를 올려 드립니다.

제5장

설계업(알파오메가 건축연구소)

㈜알파오메가

김중업 건축 연구소에서 나오자마자 나는 ㈜알파오메가 건축연구소를 설립하였습니다. 알파오메가 상호는 하나님과 그리스도의 영원함을 나타내는 성서적 의미도 있겠으나 1967년 당시에는 설계 사무소 대다수가 개설하고 1년을 지탱하지 못하는 실정이어서 나는 이 기업(알파오메가)이 처음이고 마지막이라는 신념으로 알파오메가 상호를 걸었습니다.

시작 당시 멤버들은 경기고, 서울대, 한양대 출신의 유능한 사람들이었습니다. 개업 당시 나는 어머님의 믿음의 조언과 하나님의 말씀을 따라 사업의 첫 열매는 하나님께 바치고자 결심하였습니다.

한국의 감리교회의 모교회인데 처음 교회의 건축은 미국 선교사님들이 하셨지만 재건축은 한국인이 설계와시공을 하는 것이 의미 있을 것이라 말씀을 드렸습니다.

목사님은 수년간 많은 설계자들이 거쳐갔고, 수일 내에 미국에서 건축 설계자를 선임해 올 것이니 그 기간 내에 우리는 계획 설계와 기본 설계를 준비해 놓으라고 하셨습니다.

미국인도 자기가 설계를 해서 비교하며 같이 협의하기로 되었는데, 미국인 Mr. Willison은 자기 심정을 털어 놓았습니다. "나는 이 설계에 완전히 빠졌습니다. 내가 Mr. Kim을 돕겠습니다"라고 하였습니다. 우리는 1년 동안 3개의 안을 설계를 했으나 결국은 건축 위원회의 반대로 성사되지 못했습니다. 우리는 정동감리교회를 개축한다는 소식이 있어서 김광우 담임목사님을 찾아뵙고 정동교회 목사님과 1년간 노력해서 채택되지 않으면 설계비는 안 받고 물러가겠다는 약속이 있었기에 그대로 빈 손으로 나올 수밖에 없었습니다.

우리는 1년간 수고한 설계자료를 손수레에 가득 싣고 서소문 언덕길을 내려 왔습니다. 세 명의 설계자가 나는 앞에서 끌고, 둘은 위에서 밀고 가다가 손수레가 뒤로 벌러덩 자빠지는 바람에 나도 뒤로 자빠져 멍하니 하늘을 바라보고 있었습니다. 그때 마음속으로 '하나님 이제 우리는 어찌하나요? 하나님 책임지십시오' 하고 기도를 드렸습니다.

육군본부 군종센터(현, 국군중앙교회)

 2-3일 후 육군 대령 두 분이 급히 찾아오시어 김계원 참모총장께서 육군본부교회 설계로 당신을 만나고자 하시니 빨리 와 달라는 것이었습니다. 육군참모총장은 육·해·공·해병대에서의 설계안들이 채택되지 않았으니 10일 이내에 작품을 제시하라고 하셨습니다.

 우리는 정동교회에 제출했던 계획설계 안에서 천사의 곡선을 나타내는 설계안을 군인의 강렬한 선으로 변경하여 제출했습니다. 이를 보신 고 박정희 전 대통령의 즉각적 결정으로 설계 감리와 시공자 추천 등 모든 권한을 내게 부여했고 무사히 착공, 준공을 했습니다.

 1969. 08. 14. 박정희 대통령이 오셔서 준공 테이프를 끊으실 때 나는 하나님께 감사의 기도를 드렸습니다. 정동교회에서 1년간 수고하며

육군본부 군종 센터

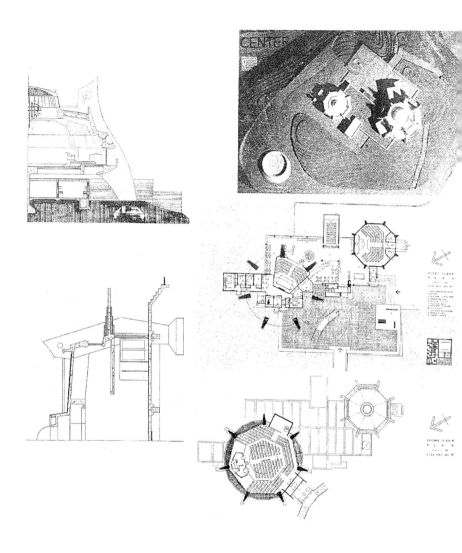

육군본부 군종 센터 설계 자료

건축가 김석재 신앙수기

당한 모욕을 하나님께서 육군 본부와 청와대를 통해 보상해 주셨습니다. 하나님께서 우리 작품 첫 열매를 기쁘게 받아 주셨음을 믿습니다.

이 작품은 1991년 한국건축가협회 주최한 현대 한국 전통건축(60년대 4건)에 선정되어 나의 스승인 김중업 선생님의 작품 프랑스 대사관과 함께 예술의 전당에서 전시되었습니다.

육군군종 센터 준공식이 14일 상오 10시 박 대통령을 비롯한 종교계 인사 등 내외 귀빈이 착석한 가운데 서울 용산에서 거행되었다. 서울 용산구 한강로2가 구교회를 헐고 대지 2천 평 건평 3백42평 2층 콘크리트 건물로 세워진 군종 센터는 휠러 형식과 돔 형식을 절충한 우리나라 최초의 건물이다. 군종 센터에는 기독교 가톨릭 예배실과 법당까지 마련되어 있어 범종교적행사가 가능하게 되어있으며 도서실 교육관 장병 센터 음악감상실, 휴게실도 마련되어 있어 장병과 군인 가족의 여가 선용에도 이용할 수 있게 되어 있다. 통합된 종교 활동을 통해 장병들의 정신자세를 확립하고 인격지도와 종교적 봉사에 기여하려는 군종 센터는 각 종교계의 성금과 군에서 마련한 5천만 원의 예산으로 지난 4월 24일에 착공. 8월 14일 준공됐다.

https://news.joins.com/article/1206746
[1969년 8월 14일자 중앙일보 기사]

연세대학교 루스채플

1972년 미국 타임지 재단이사장 Luce가 동남아에 교회를 기증하기로 하여 지명 현상을 진행했습니다. 1969년에 나는 감리교신학대학교 교수였던 박대인 박사(Dr. Poitrass)의 미 감리교 세계선교부 주택을 설계 재시공하였는데 한국 현대 전통 건축을 반영한 작품으로 그의 인정을 받았습니다.

이러한 인연으로 박대인 박사는 연세대학교 루스채플 설계에 언더우드(Underwood) 박사를 통해서 우리를 추천하여 주었습니다.

루스채플 건축위원회는 한국적인 것과 현대적인 것의 조화를 이루는 건축을 가장 중요한 조건으로 공모하였습니다. 나는 루스채플에 한국적인 것을 반영하기 위해 고민하던 중 광화문 사거리를 지나며 저녁에 조명을 받고 있는 교보빌딩 앞에 있는 칭경 기념 비전을 보게 되었는데 마치 하늘 위에 곡선 지붕이 떠 있는 것처럼 느껴지는 것이었습니다.

　　나는 강렬한 영감을 받고 이 지붕을 참조하여 양팔보 구조의 지붕 양식을 디자인에 루스채플에 적용하였습니다. 이러한 것이 인정을 받아 당시 우리나라에서 쟁쟁한 건축가가 참가했음에도, 만장일치로 알파오메가의 설계를 선정했습니다.

　　과감한 지붕 디자인을 앞세운 이 아이디어는 연세대 현상 공모에 이어서 국제 경쟁에서도 1등으로 뽑혀 루스채플이 지어지게 되었습니다. 양팔보 구조 지붕 양식은 한국 최초로 도입된 것으로 처음부터 반대가

많이 있었지만 미국의 전문 설계사의 검토를 거친 후에야 실현될 수 있었습니다.

양쪽으로 길게 뻗어 나온 양팔보 구조의 지붕은 연세대학교를 상징하는 독수리가 창공에 날개를 활짝 편 모습을 연상하도록 한 의도적인 표현이었습니다.

건축가 김석재 신앙수기

지은 지 40년이 되었지만 루스채플의 지붕은 지금 봐도 눈길을 잡아당긴다. 그 이유는 지붕을 지탱하는 중심부의 6개 기둥이 외부에선 거의 보이지 않기 때문이다. 자세히 보면 정면 쪽으로 2개 기둥만 살짝 드러날 뿐, 나머지 4개 기둥은 내부에 감춰 지붕의 파격적인 형태가 더욱 강조된다. 실내로 들어서도 실제 기둥은 벽체 속에 숨겨 보이지 않는다. 예배당 안에 들어가면 이용자가 바라보는 쪽 지붕과 벽 사이 3면 전체를 유리창 띠로 둘러 벽과 지붕 사이로 빛이 반짝거리고, 빛이 아롱지는 유리창 너머로는 살짝 위쪽으로 올려다보며 뻗어나가는 지붕 아랫면이 하늘을 향해 계속 뻗어나가는 모습을 볼 수 있다.

이처럼 외부와 내부 모두 새롭고 독특한 디자인이 가능했던 것은 루스채플이 일반 주거용이나 사무용 건물이 아니라 종교 건축이었기 때문이다. 정신성을 강조하면서 신성함을 연출해야 하는 종교 건축은 일반 건축보다 강하게 상징성을 추구하게 되고, 건축가는 이런 상징성을 특별한 지붕 하나로 집중해 보여주면서 실내에서도 디자인의 특성이 드러나도록 연결시켰다.

출처 [네이버 지식백과]
루스채플 – 한옥을 품고 하늘에 뜬 거대 지붕(한국의 현대 건축, 구본준)

https://news.joins.com/article/1206746
[1969년 8월 14일자]

루스채플의 예배실은 함께 드리는 예배의 의미에서 처음에는 부채꼴로 배치하였으나 공사 시공 단계에서 지금의 직사각형 형태로 되었습니다.

아직은 '외팔보'라는 우리말보다는 외국어로 조금은 더 익숙한 '캔틸레버'는 현대 건축이 등장하면서 생겨난 새로운 건축 디자인이다. 한쪽 팔을 옆으로 길게 뻗은 것처럼 기둥 없이 지붕이나 건물 몸통이 공중에 길게 튀어나오는 이 특별한 형태는 보는 사람 못잖게 만드는 사람인 건축가들을 사로잡아왔다. 건물 네 귀퉁이가 기둥이나 벽이 있어야만 건물이 안정되게 서 있을 수 있는 20세기 이전 건축에서는 동서양을 막론하고 시도할 수 없었던 건축, 그래서 현대 건축에서만 만나볼 수 있는 이 캔틸레버처럼 시각적으로 강력한 건축도 없다. 불안정해 보일 수 있지만 그렇기에 일반 건물에선 보기 어려운 긴장감이 넘치고, 거대하게 튀어나온 구조체 아래로는 외부 공간이면서도 마치 내부 같기도 한 독특한 공간이 만들어지는 특별한 매력이 있기 때문이다.

이 캔틸레버는 일반 건물보다 시공비가 많이 들고 안전한 구조를 만들어내는 구조공학이 뒷받침되어야만 가능하기 때문에 보통 건물에선 시도하기 어려운, 특별하고 상징적인 건물에서만 시도할 수 있는 건축이다.

출처: 연세춘추, [시선]
캔틸레버 건축과 우리대학교의 루스채플

https://news.joins.com/article/1206746
[1969년 8월 14일자 중앙일보 기사]

건축가 김석재 신앙수기

　이전 작품인 육군 군종 센터와 연세대 내에 있는 루스채플 두 작품 모두 한국적인 아름다움을 현대적으로 살리는데 중점을 두어 설계되었습니다. 이는 전문 분야와 대중의 좋은 찬사를 45년간 받아 오고 있으며 연세대학교 내의 손꼽히는 건물로 기억되고 있습니다.

　놀라우신 하나님의 은혜에 감사합니다.

제6장

건설업
(코리아 건설·방산 건설·리콕스 건설)

건축 설계로 나름의 인정을 받았지만, 나는 건축 시공을 통해 더 큰 이윤을 창출해서 하나님의 선교사업을 하고자 1970년에 (주)코리아 건설 시공회사를 설립하여 발전시켰습니다.

1970년 코리아 건설 설립 직전에는 다음과 같은 3건의 공사건을 수주하고, 완공하였습니다. 이러한 경험을 바탕으로 본격적인 건설 사업에 나서게 되었습니다.

1, 춘천중앙교회 설계, 시공(1970)

2, 감리교 세계선교부(박대인 박사(Dr. Poitress) 주택) 설계, 시공(1970)

이 주택은 한국 전통주택을 현대적으로 재해석한 주택으로, Dr. Poitress가 매우 마음에 들어 하셔서 연세대학교 루스채플 공모에 저를 추천하게 되는 인연으로 이어지게 되었습니다.

3, 제암교회 설계, 시공(1970)

춘천중앙교회

감리교 세계선교부(박대인 박사) 주택

1970년에 코리아 건설 후 1986년 약 15년간 건설회사로서 많은 건물의 설계와 시공을 담당하며, 중견기업으로 인정을 받게 되었습니다.

주요 성과를 살펴 보면,

1) 그동안의 성과를 바탕으로 코리아 건설은 논현동 요지에 200m²의 대지를 구입하고 지하 2층, 지상 10층의 코리아건설 사옥을 건립하게 됩니다 (1983).

2) 우리나라 중견기업, 상장업체로 선정되었습니다(1985년).

수많은 공사와 그 경험과 신뢰를 바탕으로 상장기업으로 발전한 것은 매우 의미 있는 일이라 생각됩니다.

3) 국가 공공기관에서 가장 많은 공사를 진행하는 주택공사(경기지사)의 우수업체로 선정되었습니다(1985년).

4) 미 8군 Active 업체로 선정되었습니다(1985년).

5) 사회복지법인 코리아 복지 재단을 설립했습니다(1985년).

6) 서울시청, 서울 경찰청, 강남구청, 강남경찰서와 결연을 하고 협력 활동을 하게 되었습니다.

경동교회

원주제일교회

제7장

코리아 건설 부도

코리아 건설은 많은 건물을 설계·시공하고 중견기업(상장기업)으로 인정을 받고 확장을 하던 중 1986년 부도를 맞아 대표자인 나는 구속 수감되었습니다.

당시 원주 KBS와 충주 KBS 방송국 공사가 진행 중에 설계가 변경되고 공사가 추가적으로 발생하여 공사 금액이 증액되는 바람에 정산이 늦어져서 공사대금 지급이 연기되었습니다.

부도 일자가 4월 7일인데 그 당시 4월 5일(식목일/공휴일), 4월 6일(주일/공휴일)이어서 4월 7일 월요일에는 3일간의 어음 결제를 일시에 처리하는 과정에서 차질이 생겨 부도 사건이 발생하였습니다. 법인이 파산했으나 불법이나 위법 사실이 없이 사무 차질로서 발생된 것으로 당시 전두환 정권하에 부도 사건 책임자는 최소 1년 징역형이어서 법정 최소형인 1년형을 받았습니다.

하지만 돌이켜보면 1년간의 구치소 생활도 내게 다음과 같은 유익이 있었습니다. 이 기간을 나의 안식년으로 삼고 성경을 읽으며 평생에 갖지 못했던 휴식을 하였습니다.

첫째는 성경을 4회 통독했음을 무한 감사합니다. 지금은 46회 진행 중입니다.

둘째는 주 안에서 모든 잘못의 책임이 나에게 있음을 인정하며 이 기간을 나의 안식년으로 삼고 성경을 읽으며 평생에 갖지 못했던 휴식을 가졌습니다. 하지만 협력업체와 기관들, 함께했던 동료 등등 피해를 입은 분들에게 깊은 사죄를 드렸습니다.

수감생활 내내 나의 아내(故 김용자 권사)는 매일 이른 아침, 구치소 내 많은 수감자 가족 중에 제일 먼저 와서 면회를 했습니다. 일반적으로 일반 면회자는 2-3분 동안의 면회를 허락하지만 면회 신청 1번인 자는 10분 이상의 시간을 주는 배려가 있었는데 새벽에 제일 먼저 와서 그 많은 구치소 면회자 중 1번을 매일 지켜 준 아내의 사랑에 감사합니다.

구치소 석방 후 즉시 기도원 생활을 하고 난 뒤 재건의 희망을 이루려 기도드렸습니다.

야훼! 우리를 되살려 주시는 이! 하나님 우리를 되살려 주시는 이!
아브라함은 죽은 자를 다시 살리시고 없는 것을 있게 하시는 하나님을 믿어 믿음의 조상이 되었습니다. 나도 하나님의 말씀을 믿사오니 아브라함과 같이 우리를 되살려 주시고 아무 것도 없는 우리에게 필요한 것을 있게 하여 주소서.

구치소 생활 1년 후 1987년에 출소하여 1988년에 ㈜방산 건설과 ㈜알파오메가 건축사무소를 설립했습니다. ㈜방산 건설은 IMF 사태로 인해 1998-2000년 휴업 후 다시 리콕스 건설회사로 운영됐고, 2012년 이후 휴업에 있습니다.

회사 운영에 많은 어려움이 있었지만 넘어져도 다시 일으켜 주시는 하나님께 감사드립니다. 알파오메가와 ReKOX는 지금도 희망을 갖고 있는 프로젝트들이 있습니다.

그동안의 사업을 돌아보면 하나님은 약속의 말씀을 믿는 우리를 지켜주시고, 그의 뜻에 따라 충성하는 우리에게 하나님의 영광과 은총을 가득히 내려주셨습니다.

할렐루야! 주여! 속히 더하여 주시는 성령이여!

제8장

하나님의 징계

나는 1980년 초기에 건축설계업과 건설업을 영위하면서 나름대로 선교활동에 열심히 노력하며 교회는 작전동교회에 출석하고 있었습니다. 평일은 서울에서 생활하였고 주일엔 주일 아침 일찍 고향 부모님들과 동생이 살고 계신 고향에 와서 하루 안식하다가 늦게 아들, 딸들과 같이 서울 집으로 돌아와 일상생활에 임하곤 하였습니다.

1981년 8월 초 어느 주일, 교회에 다녀와서 늘 하던대로 점심 후 텃밭의 정자에서 낮잠을 잔 후, 잠을 깨고 보니 오른쪽 다리가 마비된 상태가 된 것을 알게 되었습니다. 혼자서 여러 방법으로 회복해 보고자 해도 소용이 없었고, 온가족의 도움도 무의미했습니다. 운전기사에 업혀서 차를 타고 종로구청 앞 장운섭내과로 갔습니다. 장운섭 박사님은 연세대학교 출신으로 미국에서 의료사업을 하시다 귀국해서 연세 의대 동문 회장을 하셨고 미 대사관 주치의도 하시는 명의셨습니다. 그 어르신 가족 건물 3건을 건축해 드리면서 친분을 쌓게 되었고, 나에게 건강 문제가 생기면 우선 장 박사님과 상의를 하곤 했습니다.

그 당시 마비된 오른쪽 다리는 장 박사님 전문 분야가 아니므로 을지병원 문병기 박사님(정형외과 전문의, 장 박사님과 연대 동기)을 추천해 주셔서 치료에 임하게 되었습니다.

진단결과는 '마비의 원인을 찾을 수가 없고 평생 완쾌 불능, 심한 운동은 불가'였습니다. 할 수 없이 경희대 의료원으로 옮겨 양방과 한방 치료를 병행했지만, 전혀 차도가 보이지 않았습니다. 한방 치료를 하던 한의사도 병의 원인, 병명, 치료 방법이 전혀 없습니다는 말뿐이었습니다.

회개의 기도

나는 그날부터 병원 특실에 1주일 동안 예약을 하고 의사의 치료 없이 오직 하나님께 의지하여 맡기고 간구하는 기도에 전념했습니다. 그리고 어머님 품에서부터 지금까지 생활 가운데 지은 죄를 회개하게 되었습니다.

건설회사를 운영하면서 군대 공사할 때, 군인들과 늘 대접하는 입장에서 저녁에 술을 같이 먹곤 하였습니다. 관공서에 업무차 가면 면담 장소에서는 의례 먼저 담배를 상대방에게 권하는 것이 상례여서 늘 주머니 속에 담배를 갖고 다녔습니다. 사업을 한다는 핑계로 술과 담배를 하며 세상적으로 살았던 나 자신을 돌아보며 철저히 회개했습니다. 이 순간부터 누가 무슨 좋은 것을 준다 하고, 거절할 수 없는 상황에서도 단호히 금주, 금연하기로 하였습니다.

나는 어려서 모태부터 어머님의 성경 말씀 속에서 살았으니 성경 내용은 다 알고 있는 것인데 구태여 따로 성경 책을 읽을 필요가 있겠나 하고 성경을 읽지 않고 있었습니다.

이제부터 하나님 말씀을 가까이하고, 성경 읽는 일을 결단하고 생활화하기로 결단하였습니다. 현재 46번째 성경통독을 하고 있습니다.

하나님께서 제게 휠체어를 타지 않고 걷게만 해 주신다면 땅끝까지 복음을 전하는 봉사하는 일에 내 삶을 온전히 하나님께 바치겠습니다. 모든 생활 태도 방식을 오직 주님 안에서 주의 인도 따라 주를 위하여 살겠습니다.

나는 기도 또 기도를 하며 하나님께 간절히 애원하였습니다. 모든 생활방식을 오직 주님 안에서 주의 인도 따라 주를 위하여 살겠다고 다짐하며 나의 생활을 고쳐 나가기 시작했습니다.

하나님의 은혜

퇴원 후 운전기사의 부축과 휠체어로 생활했습니다. 어느날 하나님께서 다음과 같은 성경말씀을 주시면서 은혜와 위로를 주셨습니다.

무릇 징계가 당시에는 즐거워 보이지 않고 슬퍼 보이나 후에 그로 말미암아 연단받은 자들은 의와 평강의 열매를 맺느니라. 그러므로 피곤한 손과 무릎을

일으켜 세우고 저는 다리로 하여금 어그러지지 않고 고침을 받게 하라.

(히브리서 12장 11-13절)

저는 이 말씀을 굳게 믿고 변화된 삶을 통해 고침에 대한 확신하는 믿음을 갖게 되었습니다.

지금 비록 괴로우나 마침내 '평화'의 열매로 올바르게 살다 갈 것이다. 무릎을 세우고 바른길을 걸어가라. 절름거리는 다리도 낫게 될 것이다.

하나님께서 기도 중에 이러한 음성을 들려주셨습니다. 나는 너무너무 감동하여 울면서 하나님 뜻대로 살기를 다짐하며 하나님께 감사 기도를 드렸습니다. 이 아버지의 견책을 통하여 삶이 변화하여 새롭게 사명으로 일할 확신을 주시고, 병이 낫게 되는 확신을 가지고 근심과 불안을 내려놓게 되었습니다.

나는 구약성서에서 야곱이 자기 고장으로 되돌아가는 여정에 하룻밤을 새우면서 천사와 씨름을 하고 천사에게서 환도뼈를 맞고 절름거리면서 그곳 브니엘을 떠났다는 말씀을 기억하고 삽니다.

또 하나님께서는 내게 성령의 은총을 선물로 주셨습니다(고린도전서 12장 4-10절).

이는 지혜, 지식, 믿음, 병을 고치고 기적을 행하는 능력, 하나님의 말씀을 받아 전하는 직책, 영의 분별, 방언과 통역의 능력이었습니다. 이에 더 큰 은총의 선물은 사랑입니다.

나는 영과 이성으로 기도하고 영으로 찬양함과 동시에 이성으로 찬양하게 되었습니다. 하나님의 말씀을 받아 전하는 은혜도 모두 주셨습니다.

내게 주신 은사 감사! 주의 일 할 수 있게 하신 은혜 감사!

굿델 목사님과의 만남

어느 날 집으로 퇴근하는 길에 CBS 라디오에서 나오는 미국 굿델 목사 치유 집회 방송을 듣고 마음이 움직여 바로 차를 돌려 집회에 참석했습니다. 은혜로운 병 고침 특별 집회여서 많은 병자들이 고침 받는 현장을 확인할 수 있었습니다.

미국인인 굿델 목사님은 부친이 목사님이셨는데 성장하면서 잘못된 길로 나가 뉴욕 깡패로 지내다가 군에 지원하여 월남전에서 다리가 절단되는 사고를 당했다고 합니다. 그는 회개하고 하나님께 돌아가 주의 종이 되었습니다. 비록 보조기를 착용하지만 하나님의 은총으로 절름거리지만 걷기도 하고 뛰기도 합니다. 또 하나님께서 치유의 은사를 주셔서 전 세계를 다니며 집회를 인도하며 병자를 고치는 이적을 행하고 계셨습니다.

나도 그 성회에서 많은 은혜를 받게 되었고, 예배 후 굿델 목사님을 단독으로 뵙고 다음 해에 우리가 3주간 특별 집회 인도를 초청하기로 약속했습니다. 그날 집에 와서 차에서 내리려는데 다리에 힘이 생기면서 운전기사 도움 없이도 걸을 수가 있었습니다. 나는 너무 기뻐서 3층 우리 집 아내에게 전화하여 내가 걷는 것을 보라고 했습니다. 아내도 아프기 전으로 돌아간 것 같다고 너무 기뻐서 소리를 지르는 것이었습니다. 나는 이것이 굿델 치유 집회의 은혜로구나 했습니다.

그런데 다음 날 아침에 깨어보니 다리는 역시 같은 절름 다리였습니다. 나는 실망을 하였지만 이 모든 것이 하나님의 뜻이다 생각하고 모든 것을 주님께 맡기고 살아가면 주님의 성경 말씀(히 12:1-13)이 이루어지리라 다짐하였습니다. 나는 시간이 흐르면서 차차 다리가 나아지면서 운전기사 도움 없이 걷게 되었습니다. 완전히 마비된 다리에서 휠체어로 생활하다가 혼자 힘으로 걷게 되기까지 약속하신 말씀대로 하나님께서 서서히 고쳐 주셨습니다.

나는 다음 해에 약속대로 강남에서 3,000명 수용 가능한 텐트를 치고 굿델 목사님 팀과 CBS 기독교방송과 협력하여 3주간 치유 집회를 시행하였습니다. 입추의 여지가 없는 텐트 안의 많은 환자는 간절하고 절절한 환자들이었습니다. 집회 시간 종료 후 치료가 완치된 많은 환자들의 모습이 지금도 생생합니다. 어디서 누가 오셨다 가셨는지 우리는 알 수 없었습니다. 집회 후 현장을 정리할 때 지팡이가 한 아름씩 가득했습니다. 다리 환자들이 다리가 나아서 지팡이가 필요 없으니 내버리고 갔습니다. 굿델 목사님은 다음 해에도 같은 방식으로 강남에서 3주간 치유 특별 집회를 수행하였습니다. CBS 방송, 통역엔 전가화 목사님, 질서유지와 안내는 청년 구성원들이 협력하여 책임감 있게 성회를 수행했습니다. 나와 코리아 건설은 아무런 대가 없이 운영 경비를 부담하며 협력했습니다.

이 집회에 오는 환자나 신자, 비신자 모두가 치유와 구원의 은총을 선물받도록 주님의 명령을 미약하나마 수행했던 것입니다.

새롭게 하소서

굿델 목사님 치유 성회를 CBS 기독교방송과 우리가 협력하여 진행하면서 상호 간에 친밀해졌습니다. 기독교 방송에서 나를 고은하 선생님이 진행하는 '새롭게 하소서' 프로그램에 초청하여 2회 출연했습니다. 방송 출연이 처음이라 긴장되었지만, 하나님께서는 이미 나를 말씀으로 무장시켜 주셨습니다.

오직 성령이 너희에게 임하시면 너희가 권능을 받고 예루살렘과 온 유대와 사마리아와 땅 끝까지 이르러 내 증인이 되리라 하시니라. 이 말씀을 마치시고 그들이 보는데 올려져 가시니 구름이 그를 가리어 보이지 않게 하더라

사도행전 1장 8-9절

또 내가 그리스도의 이름을 부르는 곳에는 복음을 전하지 않기를 힘썼노니 이는 남의 터 위에 건축하지 아니하려 함이라

로마서 15장 20절

나는 심었고 아볼로는 물을 주었으되 오직 하나님께서 자라나게 하셨나니

고린도 전서 3장 6절

나는 CBS의 '새롭게 하소서'의 청취율이 그렇게 높은 줄 몰랐습니다. 나의 간증 방송이 방송된 후 많은 교회가 금요 철야 집회에 나를 간증자로 불러 주셨습니다. 나는 주님과 성령의 인도 하심따라, 신앙생활 간증을 하였습니다.

또 기독교 방송은 인생 드라마 '열망-코리아 건설 사장 김석재 장로'를 방영하였습니다.

이 프로그램은 2-3개월 동안 아침과 저녁에 20분씩 방송하였는데 이 방송을 듣고 더 많은 교회들이 간증 요청이 왔고 2-3년간은 전국을 돌며 증거자로 증언을 했습니다.

여의도순복음교회는 남선교회 초청으로 밤 12시부터 4시간 간증의 은혜로운 시간을 기억됩니다. 곧 이어서는 같은 교회의 여선교회 초청이 있어 한 교회에서 2회의 집회를 참석한 것이 기억납니다.

서울 종로, 강남, 경인지역, 군 전방 특수부대, 도서 지방 등을 다니며 주님께 사로잡힌 작은 종, 주의 도구로 사용되어서 무한의 감사를 하나님께 올립니다.

국내 선교 활동

나와 코리아건설은 다음과 같은 국내 선교 활동을 진행하였습니다.

1. 작전동교회
1970년대 부평 공업 단지는 우리나라에서는 큰 산업단지였습니다.

그 주변 일대는 시골에서 취직을 위해 올라온 수많은 청소년, 청년이 기숙사 생활을 벗어나 인근 마을 주택에 방을 세내어 살림하며 생활하는 곳이었습니다. 누구 하나 관심 없는 이들에게 하나님의 말씀을 전하고 영적인 쉼터를 제공하고자 이곳에 교회를 개척하기로 하였습니다.

나는 부평 고속 정거장 인접 마을 작전동(우리 처가의 동네)에 100평 대지를 구하여 추가로 증축 대지를 확보하면서 1-3차까지 성전을 건축하였습니다. 많은 청소년과 청년의 안식처를 하나님께서 만들어 주신 것이었습니다. 나는 김의중 목사님을 초대하고 교회가 어느 정도 안착 후 그 교회를 떠났습니다. 〈씨를 뿌리는 자, 물을 주는 자, 열매를 거두는 자〉의 말씀대로 나는 씨 뿌리는 자의 역할을 행하였던 것입니다.

기독
대한감리교 작전동 교회
JACK JEON DONG METHODIST CHURCH

403-063 인천광역시 계양구 작전3동 164-14
☎교회542-2950,543-0037/목사관542-0140/3분설교152-2224

새 성전 공사 완공
(1985년 5월 5일)

1983년 부터 시작된 새 성전 공사가 3년만에 85년에 완공을 보고 창립 10주년이 되는 1987년에 봉헌예배를 드렸다.

성김의 집 건립 추진
(1991년)

우리교회는 우리의 삶의 터전인 산업 사회와 공단에서 발생되는 외로운 노인, 갈곳없는 어린이들이 따뜻하게 살아갈 작은 사랑의 공간 "섬김의 집"을 소망하며 기도와 헌금을 시작하였다. 1993년에 섬김의 집을 구입하게 되었다.

건축가 김석재 신앙수기

2. 옹진 지방회 후원

옹진 지방회는 인천 앞바다 섬에 분산 설치 운영되고 있는 28개 교회입니다. 지방회 강환국 원로 목사님, 감리사님 또 지방회를 통하여 20여 개의 미자립 교회에 매월 일정액 헌금 지원을 했었습니다.

3. 풍도 반석교회

김정순 목사님께서 여자 혼자의 몸으로 서해 앞바다 풍도에 목회의 꿈을 가지고 오셨습니다. 열악한 환경 중에 단독 주택의 건넌방을 세들어 사시면서, 풍도 반석교회를 세우시고 목회하고 계셨습니다. 그러던 중 그 집주인이 집을 팔고 다른 곳으로 이주 준비를 한다는 통보를 받고 재정 형편이 어려운 목사님은 이러지도 저러지도 못하는 상황에 처하게 되었습니다. 그 소식을 들은 이 지역 강환국 감리사님께서 급히

우리 회사를 방문하셔서 대책을 강구해 보자고 하셨습니다. 강환국 목사님은 내가 고교 시절 우리 고향 교회 목회자로서 좋은 인연이 있는 분이셨습니다. 우리는 세들어 살던 그 집 전체와 텃밭까지 매입하여 전부 교회에서 사용할 수 있도록 하였습니다. 아울러 수년 후 그 자리에 교회 건물을 신축하였음을 더욱 감사합니다. 외딴 서해 풍도에서 눈물로 기도하며 목회하시는 김정순 목사님의 기도를 들어 주시고, 하나님께서 영광받으셨음을 믿습니다.

4. 백아도교회

백아도는 인천 앞바다에서 중국 쪽으로 가장 가깝게 인접한 최서단 어려운 두 개의 섬입니다. 섬 1과 섬 2는 약 40분 정도 떨어졌습니다. 당초 가톨릭 교회에서 두 개 섬에 성당을 운영하다가 문을 닫고 성당 건물은 그대로 방치되고 있었습니다. 섬 1에는 개신교의 여성 보건 소장과 학교 교장님 내외 부부와 일반 교우가 1명 있었으나 성당은 어부들이 어선 장비 보관 창고로 사용하고 있으며, 섬 2는 공군부대 헬기 2대가 주둔하고 있어 교대로 24시간 경계 비행을 하고 있었으며 공군 장병들이 섬 2 교회에서 예배를 드리고 있었습니다.

어느 주일에 그곳에 가서 주일 예배 설교를 했었는데 헬기 조종사들의 눈이 초롱초롱하고 말씀에 대한 열망이 가득했음을 잊을 수가 없습니다. 그래서 가톨릭 지역 본부에 가서 신부님과 협의를 해서 방치되고 있는 성당을 교회로 사용하도록 요청을 드렸습니다. 신부님은 쾌히 승낙하여 주셨습니다. 주님께서 같이 하셨었다고 믿습니다.

우리는 서울에서 교회 담임자 사택을 조립식으로 짓기로 하고, 섬 1
과 섬 2를 연결하는 교통수단으로 작은 모터보트를 준비했습니다. ㈜
알파오메가 직원 4명과, 책임자 박순석 목사님은 선교 선박을 소유하
신 목사님의 협조로 조립 사택을 배에 싣고 보트는 뒤에 달고 백아도로
출발하였습니다.

덕적도 근해에서 5-7m 높이의 폭풍이 걷잡을 수없이 몰아쳐 왔습
니다. 우리는 엄청난 죽음의 공포 속에서 주님을 눈물로 부르짖게 되었
습니다. 시간이 지난 후 기적과 같이 폭풍이 잔잔해지고 우리는 무사히
백아도에 안착하였습니다.

나는 두세 번의 어려운 생사의 위기가 닥칠 때마다 주의 일을 하던
중 백아도 바다 위에서의 엄청난 폭풍을 떠올리며 그때 파도에 잠겼더
라면 우리 주님께서 "내 명령 받들어 수고하다 왔구나!" 하시며 머리에

평화의 손을 얹으셨을 텐
데 생각을 했습니다. 우
리는 백아도 1과 2 교회
에 필요한 모든 소모품
심지어 담임 목사님의 수
저까지 세심하게 준비해
서 전달하였습니다. 지방
감리사님의 담임자 파송
을 마침으로 우리는 씨를
심는 일을 마치고 주님께
감사했습니다.

건축가 김석재 신앙수기

5. 특전사 사자교회 성전 헌납

한미 연합사 야전군 부
사령관 이민형 소장께서
12·12 사태 직후 특전사에
교회 건물이 없어 마땅히 예
배드릴 장소가 없어서 매우

안타까운 실정이라고 하셨습니다. 이에 정호영 특전 사령관과 만나 우
리가 특전사 사자 교회 성전 건립을 추진키로 하였습니다. 성전 외벽이
돌로 설계가 되었는데 장병들의 수고와 헌신으로 수많은 돌을 모아 성
전의 벽을 쌓아 올려 아름다운 성전이 완성되어 기쁜 마음으로 완공 헌
납하였습니다.

6. 코리아 성전교회

1983-1984년 주보의 내
용과 같이 목표를 세우고 주
님/우리의 사업을 위해 코리
아 성전 교회를 종로구 평창
동 나의 주택 반지하 공간에
세우게 되었습니다. 기독교
감리회 종로지회에 교회를 등
록하고 최헌 목사님을 담임목
사님으로 모시고 교회 활동을
시작하였습니다. 1986년 4월

코리아성전
기독교대한감리회
KOREA CO CHAPEL

다함께 복음의 축복을 나누는 해 (고전 9 : 23)

선교 "성령이 너희에게 오시면 너희는 힘을 받아 예루살렘과 온유다와 사마리아뿐만 아니라 땅끝에 이르기까지 어디에서나 나의 증인이 될 것이다" -행 1 : 8 -

봉사 "하나님 아버지앞에 떳떳하고 순수한 신앙생활을 하는 사람은 어려움을 당하고 있는 고아들과 과부들을 돌보아 주며 자기자신을 지켜 세속에 물들지 않게 하는 사람입니다" -약 1 : 27 -

교육 "내가 너희에게 명한 모든것을 지키도록 가르쳐라. 내가 세상 끝 날까지 항상 너희와 함께 있겠다" -마 28 : 20 -

코리아성전 목표 - 1986년 -	우리의 사업
1. 모이기에 힘쓰자.	1. 코리아건설 복음화 달성
2. 기도에 힘쓰자.	2. 취약지구 선교사업
3. 성경을 열심히 공부하자.	3. 북한선교사업 적극 참여
4. 열심히 선교하자.	4. 동남아 및 세계선교 기도 /
5. 봉사의 손을 넓히자.	연구 / 추진
6. 모든일을 하나님 영광을 위	5. 코리아 사회복지 법인 활성
하여 성령의 인도하심으로	화
이룩하자.	6. 이웃을 위한 사랑의 실천
7. 새 성전과 선교센타를 1986	7. 기독교 방송 및 군선교사업
~ 7년에 건립하자.	성원

|1|1|0| 서울특별시 종로구 평창동 578 - 3

7일 ㈜코리아 건설의 부도 사건으로 코리아 성전교회는 뿔뿔이 흩어지게 되었고 긴 부도 처리 과정에서 최헌 목사님과 조상옥 사모님의 엄청난 고통은 말로 표현할 수 없고 그 크신 고마움을 이루 다 표현할 수 없습니다. 이후에 최헌 목사님께서는 종로구 무악동에 독립문교회로 명의 변경하여 이동하셨습니다.

7. 53사단교회

특전사 사단장 홍은표 장군(장로)이 새로 창설되는 53사단에 종교 건물이 한 개밖에 없어서 개신교, 가톨릭, 불교 여러 종교가 같이 사용하게 되어 여러 가지 불편한 점이 예상된다고 하셨습니다. 깊은 신앙심을 가진 홍 장군님은 이를 매우 안타깝게 여기시며 별개로 교회 성전이 건립할 수 있으면 53사단 교회로 출발할 것이니 협력하자고 하셨습니다. 비를 맞으며 우리는 성전 건축 예정 터에서 모여 이 교회를 통해 수많은 특전사 장병 가슴에 신앙을 심어줄 비전을 소망하며 하나님께 간곡히 기도를 드렸습니다. 여러 가지 어려움이 있었지만 우리는 그 자리에 성전을 신축 헌납하였습니다. 하나님께서 사단장 홍은표 장로님의 믿음을 보시고 영광 받으셨음을 믿습니다. 또 저의 작은 헌신을 받아주셨음을 믿고 찬양과 감사를 올립니다.

위와 같은 국내 개척교회 설립과 선교활동을 하면서 나는 로마서 15장 20절 말씀대로 남이 닦아 놓은 터전에는 교회를 세우지 않기로 했습니다. 한국에 교회가 없어서 교회 생활을 못하는 곳이 없었음을 확인하였습니다. 한국 전역에 관계 기관들 그리고 우리나라 각처 면 사무소 동네 이장들과 전화로 확인해 보았으나 찾지 못했습니다. 단, 3-5가구의 오지의 산속 마을에는 봉고차가 운행하여 교회가 필요 없고 오지-도서 지방에서도 목사님이 모터보트로 3-5가구 작은 섬을 순회하시어 교회가 필요 없다는 회신이었습니다. 이후 우리나라 남해 끝에 위치한 무의도에 교회가 없는 것이 추후 확인되어 일간 신문에 광고를 실었습니다.

우리가 교회 개척에 필요한 모든 것을 책임 지원하겠사오니 3년만 그곳에 기반을 닦아 주십시오.

단 한 분께서 찾아 주셔서 상담을 마치고, 사모님께서 동의하시면 참여 하겠다고 하셨지만, 사모님이 동의하지 않으셔서서 무의도 계획은 무산 되었습니다.

이로써 전국적으로 국내에 교회가 없어서 교회 믿음 생활을 하지 못하는 곳이 한국에는 없다 판단하고 해외로 진출하기로 하였습니다.

해외 선교 활동

1990년까지 국내에 13개 사업을 시행한 후 해외로 진출하였습니다

1. 동 말레이시아 사단교회

우리나라에서는 최초로 해외 선교사로 보루네오에서 수년간 사역을 하시다가 귀국하신 나의 개인 친구 임홍빈 목사님(소천)과 그 동생 되는 분은 한국계 미국인 목사님으로서 중국에서 약 30년간 선교활동을 하시며 우리를 많이 도와주셨습니다.

우리는 임홍빈 목사님과 말레이시아 곳곳을 탐방하고 임 선교사님 제자들인 현지 사역자들과 선교 탐방을 했습니다.그 결과 동 말레이시아 밀림지대에 현지 시무하시는 임목사님 제자 선교사님께 건축비를 헌납하고 오지 교회 설립을 이루었습니다. 냉/난방 위생시설 필요 없이 현지의 풍부한 목재를 사용하여 염가로 교회를 세우게 되었습니다.

2. 중국 연변 선교사업

우리는 태국으로 가서 그 나라와 인접 국가의 실태를 오랫동안 파악

해 봤습니다. 토착화된 기존 종교 세력이 공공기관이나 민간 단체까지 너무 강력해서 우리는 그곳에서 철수를 했습니다.

그런데 한국에 귀국하자마자 한국에서 조선족 목사님을 만나게 되었고 서둘러서 중국 연변으로 가서 연길 시 정부 지도자들과 상담을 하게 되었습니다. 말레이시아, 태국에 비하면 선교 조건이 엄청나게 좋다는 것을 체험하고 발견하게 되었습니다.

중국은 우선 인구가 13억에 이르는 큰 국가이며 처음 답사지인 연변 조선족 자치주는 이름 그대로 조선족이 자치로 생활하는 터전이며, 언어 장애가 없다는 선교의 장점이 있었습니다. 연변에는 조선 언어(문자, 말)가 편리하게 정부기관, 공공기관, 가정에 이르기까지 사용되고 있었습니다. 그전에는 모든 인민이 100%가 공산주의자로서 살다가 1992년 당시에는 정부-공무원만 공산주의 자고 모든 인민(중국인, 조선족)은 무종교 상태였습니다.

1990년대 초 중국 경제 현실은 매우 빈곤해서, 우리나라가 일제 압박에서 해방된 상황과 비슷했습니다. 북경 공항 매점에 가보니 먹을 것이라고는 한국산 초코파이와 기념품으로는 작은 화병뿐이었습니다. 하지만 연변 조선족 인민 정부 산하 모든 사람의 마음 속이 백지처럼 깨끗하여 순박하고, 민족애가 강했습니다.

우리는 주님의 인도를 따라 조선족 목사님을 뵙고 중국 연변에서의 선교의 꿈을 꾸어 보았습니다. 그분들의 깨끗하고 순수한 마음 속에 그리스도의 복음이 채워지기는 세계 어느 나라에 비해 좋은 조건이며 우리와 같은 민족으로서 동질감이 느껴졌습니다.

3. 중국 연변 사회 복지 중심(센터)

연변 사회복지 중심은 복지 사업을 통한 중국의 선교사업입니다.

1. 설립 목적

연변의 100만 조선동포 그리고 중국 노인과 장애자에게 교육,재활, 치료 및 기술 지원과 선진화된 사회복지를 전달함으로써 하나님의 크신 사랑을 나누고, 그리스도의 사랑을 중국 대륙과 북한에 전파케 하여 그들의 동일 정치, 사회, 문화권인 북한과 중국에 확산케 하는 목적이 있다.

2. 주체: 연변사회복지 중심(합작법인)

한국: 중국복지 후원회 부담-건설, 장비, 기술교육

중국: 연길시 인민 정부 부담-일부 건설과 장비, 대지 제공

3. 운영방식: 공동 운영

4. 주요 사업

1) 사업 개시(1993년): 상호 교류/우호/신뢰를 통한 협약 후 시범관 건립 완성(93년)+설비 확보+지도자 서울(천사원) 연수 교육 훈련 =(노인+장애인) 사업 운영 개시

2) 지속적인 사업

① 추천받은 지도자들을 천사원에서 교육, 훈련하여 현지 임용 훈련 사업

② 노인복지사업: 노인 요양원 설치 운영

③ 장애인 복지사업: 장애인 교육 및 재활 직업 훈련 사업

④ 선교 사업: 1, 2, 3 위의 사업으로 하나님의 크신 사랑을 나누고 허용되고 가능한 직, 간접적인 복음 전파 사업 전개

5. 시설 개요

* 사업 개시연도: 1993년도, 33,000평 부지 확보(완료)

* 시범관(노인 및 장애 복지관) 120평 완공

* 부대시설: 토목, 구내도로, 전기, 상하수도 조경 등

* 2차연도: 장애인 재활관 100-200평 이상 건립

* 3차연도: 노인요양관, 장애자(교육, 재활, 훈련) 시설

6. 현재 진행 사항

* 연길시 정부 내에 연변 사회복지 중심이 개설되어 있고 파견된 요원이 운영 준비에 임하고 있음

* 연변 사회복지 중심 시범관이 완성되어 있음

* 장비와 가구/비품을 준비 중이며 94년 내에 운송설치 예정

* 서울 천사원에서 중국 조선족 여자 3명과 파견 예정인 치료사가 교육 훈련 중에 있음

우리는 서서히 접근하여 모든 일이 연합하여 선을 이루는 것을 도모하게 되었습니다 우리 측에서는 사회복지 법인 코리아 복지 재단이 있었습니다. 연길시와 복지 재단을 통하여 1993년 4월 13일 연길 시청

대회의실에서 중국 의전 절차에 따라 복지사업 설립 운영을 위한 합동
서를 비준하는 식을 거행하였습니다.

중국 복지 후원회

사업본부장 겸 서울지회장　최헌 목사

강원지회장　최조영 목사　　　인천지회장　김의중 목사

강화지회장　이춘수 목사　　　감　　　사　조규환 장로(천사원 원장)

부천지회장　김영민 목사　　　사무 간사　박순석 목사

　　　　　　　　　　　　　　　　　　건축가 김석재 신앙수기

중국에서 연변-홍안향 정부 내에 대지 33,000평을 제공하고, 한국 측에서는 연변 사회복지 중심 건물 120평을 건축하여 장애인 환자를 물리 치료하도록 하였습니다.

　　중국에는 한국의 물리 치료에 비해 침술밖에 없었습니다. 중국에서는 처음으로 시술되는 물리 치료였습니다. 한국에 천사원에서는 많은 장애인이 조규환 원장님의 운영으로 좋은 많은 성과를 창출하고 있었습니다. 초창기 우리 법인 설립 때부터 조규환 원장님은 코리아 복지

재단에 임원으로 계셨으며, 천사원은 우리 나라의 대표적 장애인 복지관입니다.

그곳에서 물리 치료사들이 선교를 목적으로 연변 사회 복지 중심에 와서 평일 낮에는 물리 치료 활동을 하고 밤에는 선교 활동을 진행했습니다. 그리고 중국 측에서는 우리 내용(선교 제1 사업)을 잘 인식하고, 법을 지키는 테두리 안에서 원만하게 이해하고 협력을 하였습니다.

1996년 연길시 정부에서는 우리의 장애인 치료 의료 사업을 인정하여 중국 연길 투자 공헌상 은상을 우리에게 수여하였습니다(금상은 중국 주재 과학기술대학에 수여하였습니다).

건축가 김석재 신앙수기

4. 중국 연변 춘우애심회

이후에 연길시 흥안향 정부 당위서기(우리가 설립한 연변 사회복지 중심 관할 책임자) 태기둔(太基鈍)이 나에게 서면 통지로 "나는 형님이 하시는 사업이 참 좋았습니다. 그래서 나도 형님 흉내를 내 봤더니 성과가 좋았습니다. 그래서 중국에서 처음으로 사회복지 법인 春雨愛心會를 설립 운영하고 있습니다"라고 보내왔습니다.

그러던 어느 날 태기둔 서기가 갑자기 전화로 치료 요청을 해왔습니다. 북경에서 치료 중인데 치료가 끝나도 소변이 멈추지가 않고 중국에서 치료 불가라 한국 의료의 도움을 받고자 하는 것이었습니다.

또 내가 중국 선교한다는 소식을 듣고 성 바오로 수녀 원장님이 수녀 5명이 연변에서 선교 봉사활동 중 신변이 불안하다고 도움을 요청해 왔습니다.

선교와 봉사 차원에서 우선 태 서기를 한국 청량리 성모병원에 입원시키고 수술시간에 들어가 보니 약 15명의 의료진이 기도회를 갖고 있었습니다. 수술과 치료가 잘 되면 중국의 수녀님들 신변보호가 해결되며 선교 복지 사업을 잘 할 수 있을 것 같았습니다. 태 서기는 잘 치료받고 귀국했고 약속대로 수녀님들의 신변 보호 문제를 해결해 주었습니다. 이 모든 일을 행하신 하나님께 감사와 찬양을 드립니다.

중국에 갔는데 태 서기가 자기 가정의 슬픔을 평화와 기쁨으로 바꿔주셨다고 나를 친지 50명과 같이 만찬에 초대해 주었습니다. 그리고 중국 백두산 등 관광을 시켜주었습니다. 태서기의 춘우애심회에 하나님의 크신 사랑의 열매가 가득하기를 진심으로 기원합니다.

나는 내가 개척했던 작전동교회 김의중 목사님께 코리아 복지/연변 사회복지 법인을 절차상 하자 없이 넘겨드렸습니다.

나는 씨를 심었고 아볼로는 물을 주었습니다.

그러나 그것을 자라나게 하신 분은 하나님이십니다.

(고린도전서 3장 6절)

5. 허인책 선교사 중국 파송

중국 선교는 중국인을 전도해서 지도자로 교육하여 그들이 중심에 서서 주님의 사업을 할 수 있게 하는 것이 근본적이고 현실적인 선교 사업이라 할 것입니다.

중국에서 한국계 미국인 선교사로 활동하던 조선족 전도사 허인책을 초빙하여 연세대에서 신학대학원 이수케 하였습니다. 연세대에서 중국인(중국 학생과 조선족 학생)들의 신앙 모임을 갖고 전공 분야를 신학대학과 대학원으로 전과할 수 있도록 협력하였습니다. 우리가 중국에 가서 일하는 것보다 중국인 지도자는 직접적이고 효과적으로 사역할 수 있었습니다. 이 과정에서 천사원(조규환 원장-장로)의 많은 협조가 있었습니다.

현재 허인책 목사님은 감리교 파송 중국 선교사로 사역 중인 것으로 알고 있습니다. 중국인을 한국에서 교육하고 파송한 이 사건은 중국 선교의 중요한 시발점이 될 수 있으리라 생각됩니다. 이 모든 일은 주님의 뜻에 따라 성령의 인도 따라 행해진 것으로, 이 모든 과정에 협력해 주신 목사님들 교수님께 깊은 감사의 뜻을 표합니다. 제2, 제3의 허인책 목사님을 기대해 봅니다.

중국은 우리의 인접 국가이며 오랜 역사가 있고 현재 인구가 13억 이상으로 세계 최대 국가입니다. 중국은 공산국가라서 각 사람의 마음 속은 무종교의 백지상태이기 때문에 그렇게 좋은 선교 상대국과 상대자는 세계 속에 찾기 힘듭니다. 기도하며 선하게 말씀 중심으로 성령의 인도 따라 중국 땅끝까지 주님의 증인의 길은 열려 있다고 믿었고 지금도 믿고 있습니다.

보안상의 현실 여건 때문에 북한선교를 하지 않는 것은 큰 잘못이라고 생각합니다. 중국을 통해 전파되는 복음을 통해 북한 땅에도 많은 지하 교회가 형성되어 있다고 믿습니다.

굳게 닫혀 있는 북한 땅에도 하나님의 복음이 전해질 그날을 소망합니다.

6. 중국의 미얀마 접경 히말라야 산맥 기슭 교회

연세대학교회 등록 교인으로 선교 분과 일을 하면서 허인책 목사님의 안내로 미얀마 접경 히말라야산맥 기슭에 가보게 되었습니다. 평지에서부터 1시간 이상 자동차로 올라가는데 높고 높은 산을 외길 일방통행 길로 주행하는데 도로 옆 낭떠러지를 내려보면 끝이 안 보일 정도로 아찔하였습니다. 선교지에 도착하여 살펴보니 산간에 간간이 주택들이 분산하여 건축되어 있고 길도 따로 없이 언덕을 오르내려 다닙니다. 완전히 야산 지역에 칸막이만 있는 방에 돼지, 개, 닭들이 사람들과 같이 사는 곳이었습니다. 수십 년 전에 미국 선교사님이 텐트를 치고 뿌린 선교의 씨앗이 있을 뿐 교회 건물은 없었습니다. 허 목사님 선교사님을 통해 그곳 교회 건축을 후원하였습니다.

선교는 우리의 사명이며 반드시 수행해야 하는 것입니다.

주님께서 성령을 통해 권능을 주시어

우리가 담대히 나아가 씨를 뿌리고 물을 줄 때

주님께서 가꾸시리라 확신합니다.

또 다른 땅끝을 찾아서

주님 부르시는 날까지

땅끝까지 주의 증인이 되리라

아멘

제9장

복지사업

우리는 1985년 9월 4일 사회 복지법인 코리아 복지 재단을 설립하여 운영해 왔습니다. 우리는 강남구청과 강남 경찰서 간에 자매결연을 하고 최대한의 협력을 이행했습니다. 예산 범위 내에서 선교와 봉사 사업에 우리 기업의 제1순위를 세워 운영했습니다.

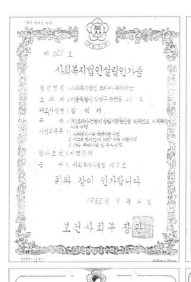

제 1182 호

표 창 장

코리아건설주식회사

사 장 김 석 재

귀하는 평소 이웃을 사랑하고 자기
직분에 충실하였으며 특히 지역사회와
시정발전을 위해 헌신 봉사한 활동이
모든 시민의 귀감이 되었으므로 이를
높이 치하하여 표창합니다.

1984년 4월 26일

서울특별시장 염 보

제 806 호

감 사 장

코리아 건설 주식회사

대표이사 김 석 재

귀하는 경찰에 대한 깊은 이해와 관심을
가지고 항상 우호적인 성원과 협조로 수도경찰
발전에 큰 도움을 주시었으므로 제40주년
경찰의 날을 맞이하여 이에 깊은 감사를
드립니다.

1985년 10월 21일

서울특별시경찰국장

치안감 강 민 창

결 연 장

자 : 강남경찰서 주둔기동대

때 : 코리아건설주식회사

위 기관은 상호협력 유지로 기관의
발전과 직원간의 유대를 증진하여
지역사회 발전에 기여코저 자매결연
하고 이에 결연장을 상호 교부함.

1985년 5월 4일

강 남 경 찰 서

코리아건설주식회사

대표이사 김 석 재

제10장

끝을 맺으며

부족한 저 김석재는 하나님의 은혜로 이제까지의 저의 신앙의 삶을 되돌아볼 수 있게 됨을 감사드립니다.

어머니의 신앙을 이어 살아온 80여 년의 삶은 순간순간 외롭고 힘든 길이었지만 하나님께서는 때에 따라 힘과 용기와 은혜를 부어 주셨습니다.

바울에게 헌신하는 믿음의 동역자들이 있듯이 하나님께서도 제게 함께할 수 있는 믿음의 동역자들을 허락하여 주셨습니다.

그중 최헌 목사님은 저의 영적, 정신적, 사업면에서 우리의 참 지도자셨습니다. 목사님의 수고와 헌신을 통해 많은 일을 할 수 있었고 이번 기회를 통해 존경과 감사의 인사를 전합니다.

또 김윤회 대표이사는 고교와 대학 동기로, 나와 알파오메가 공동대표로서 책임감을 가지고 오랜 기간 고락을 같이 해 왔습니다. 이 또한 미안한 마음과 감사의 마음을 전합니다.

기업을 운영하고 선교사업을 할 때 늘 옆에서 든든한 지원군이 되어 주었던 내 아내에게 감사를 전합니다. 제가 인생 가운데 늘 선교가 먼저여서 가정에 소홀하고 재정적으로도 힘들게 했는데 늘 묵묵히 참아 내며 선교 여정에 동참해 주었습니다. 2017년 3월 주의 부르심을 받은 아내를 천국에서 기쁘게 만나게 될 것을 믿습니다.

　또한 위에 나열하지 않은 여러 선배, 친구, 후배와 나의 형제께 만만 감사를 드립니다.

　아울러 이 책이 출판되도록 도와준 사위 정선태, 큰딸 김미현. 손녀 정은채에게 사랑과 감사를 전합니다.

　모든 이에게 하나님의 평화와 축복이 충만하시기를 기도하겠습니다.

2020년 1월
김석재

2부
김석재의 건축물들

작품명	설계년도	준공년도	소재지
재림교회	1960		서울시 서대문구 신촌
현대미술관	1963		
정동교회	1968		서울시 중구 정동
국군중앙교회 · 육군군종센터	1968	1969	서울시 용산구 용산동
춘천중앙교회	1969	1970	강원도 춘천시
Dr. POITRASS의 집	1970	1971	서울시 서대문구 대신동
인천 주안교회	1970	1971	인천광역시 주안구
수원 제암교회	1972	1973	경기도 횡성군 향남면 제암리
원주제일교회	1972	1973	강원도 원주시
인사동 통인가게	1972	1973	서울시 종로구 인사동
연세대학교 루스채플	1974	1975	서울시 서대문구 신촌동 134 연세대학교
인천 작전동교회	1977	1978	인천광역시 계양구 작전동
화가 윤명로의 집	1977	1979	서울시 종로구 평창동

작 / 품 / 경 / 력

작품명	설계년도	준공년도	소재지
특전사령부교회	1980	1980	서울시 송파구 거여동
서울 Korea BLDG	1982	1983	서울시 강남구 논현동
서울 Union Club-Clark Hatch Physical Fitness Center	1983	1984	서울시 중구 순화동
서울 명륜플라자	1990	1991	서울시 종로구 명륜동
서울 경동교회	1994	1995	서울시 성북구 안암동
고신대학교 의학부 본관 리노베이션/리모델링	2000	2001	부산광역시 서구 암남동 34
국립보건원 유전체 연구소 증축	2000	2001	서울시 은평구 녹번동 5번지 외 14필지
국립의료원 장례식장	2000	2001	서울시 중구 을지로6가 18-79
충북대학교 GLP 연구소	1999	2002	충북 청주시 흥덕구 개신동 산 48번지 충북대학교 부지 내
가원중학교 교사 증축	2001	2002	서울시 송파구 가락동 106-3
CGS-PROJECT (발효 병합 처리시설)	2012	진행중	

재림교회

작품명	한 글	재림교회		
	영 문			
	건 축 가			
기본사항	소 재 지	서울시 서대문구 신촌		
	설계년도	1960	준공년도	
	지 역		지 구	
	시설분류		건 폐 율	
	대지면적		용 적 율	
	건축면적		코아비율	
	연 면 적		실내주차	
	지 상		실외주차	
	지 하			
	구조형식			
	내부마감			
	외부마감			
	건 축 주			

현대미술관

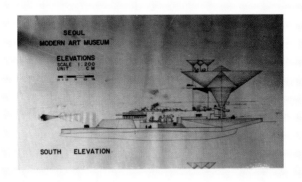

작품명	한 글	현대미술관		
	영 문	Seoul Modern Art Museum		
	건 축 가	김석재		
기본사항	소 재 지			
	설계년도	1963	준공년도	
	지 역		지 구	
	시설분류		건 폐 율	0
	대지면적	0	용 적 율	0
	건축면적	0	코아비율	0
	연 면 적	0	실내주차	
	지 상		실외주차	
	지 하			
	구조형식			
	내부마감			
	외부마감			
	건 축 주			

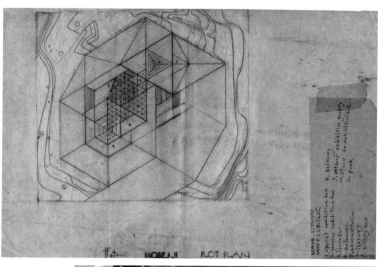

MODERN   PLOT PLAN

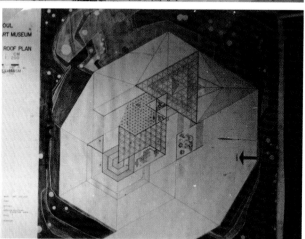

OUL
RT MUSEUM

ROOF PLAN
CM
1 : 200

정동교회

작품명	한 글	정동교회		
	영 문			
	건 축 가			
기본사항	소 재 지	서울시 중구 정동		
	설계년도	1968	준공년도	
	지 역		지 구	
	시설분류		건 폐 율	
	대지면적		용 적 율	
	건축면적		코아비율	
	연 면 적		실내주차	
	지 상		실외주차	
	지 하			
	구조형식			
	내부마감			
	외부마감			
	건 축 주			

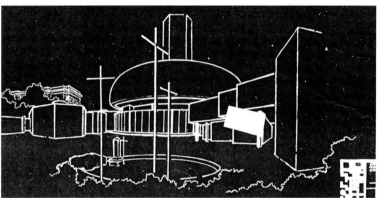

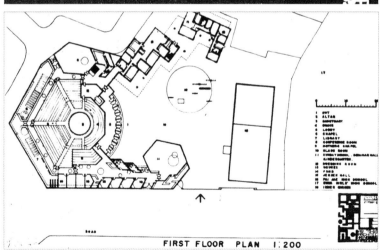

FIRST FLOOR PLAN 1:200

국군중앙교회 / 육군군종센터

작품명	한 글	국군중앙교회 / 육군군종센터		
	영 문	Military Religion Center, R.O.K. Army		
	건 축 가	김석재		

기본사항	소 재 지	서울시 용산구 용산동		
	설계년도	1968	준공년도	1969
	지 역		지 구	
	시설분류	문화 및 집회시설	건 폐 율	
	대지면적	0㎡	용 적 율	
	건축면적	825㎡	코아비율	
	연 면 적	1178㎡	실내주차	
	지 상	2	실외주차	
	지 하			
	구조형식	철근콘크리트조		
	내부마감	콘크리트		
	외부마감	노출 콘크리트		
	건 축 주	육군본부		

국군중앙교회 / 육군군종센터

작품설명

이 교회건축은 육군본부 영내에 있으며 공병단과 신성공업에 의해 건축되었고, 예배는 군종에 의해 집례된다. 비교적 높은 대지 위에 건축된 이 예배당은 콘크리트의 가소성을 가지고 강한 형태적 상징성을 도모하고 있다. 이와 같은 노출 콘크리트의 소재는 건축재료가 풍부하지 못하였던 1960년대 한국의 현대건축이 취한 보편적인 재료가 풍부하지 못한 수단이기도 하였다.

이 종교건축에서는 형태를 빚는 솜씨가 예술적 가치를 대신하는데, 작가 김석재는 이와 같은 가소적 형태와 한국적 정서를 조합시키고자 지속적인 노력을 보여왔다.

모두 4개의 크고 작은 회중 공간을 포함하여 각종 사회적 공간을 가지고 있다. 예배공간은 양감이 강한 칠(7)각형의 평면에 공간적 중심은 중앙의 천창에 모아지나, 회중석은 바질리카식을 떠난 강당형으로 이층의 발코니를 갖는 구성으로 되어 있다.

1969년 1차 완성 후 육군본부 이전에 따라 국방부로 소속되어 1988년 증축계획을 1차 설계자가 담당케 하였고 1989년 설계를 완성하여 1990년 완공되었다.

1차 공사 후 법당부분이 개축된 것(설계-타설계자)과 2차 공사 시 설계/감리자가 배제된 상태에서의 공사 성과가 미흡하여 사후 관리과정에서 자체적으로 부분적인 변경이 아쉽다.

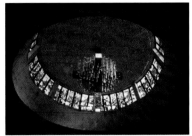

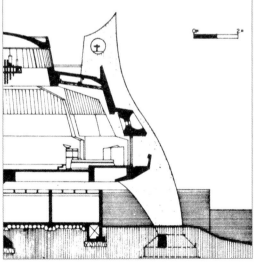

춘천중앙교회

작품명	한 글	춘천중앙교회		
	영 문	CHUN CHUN methodist church		
	건 축 가	김석재		

기본사항	소 재 지	강원도 춘천시		
	설계년도	1969	준공년도	1970
	지 역		지 구	
	시설분류		건 폐 율	0%
	대지면적	0m²	용 적 율	0%
	건축면적	0m²	코아비율	0%
	연 면 적	1500m²	실내주차	
	지 상	3	실외주차	
	지 하	2		
	구조형식	RC조		
	내부마감			
	외부마감			
	건 축 주	교회		

춘천중앙교회

작품설명

입지조건이 산등성이란 점과 건축주의 요구가 이 지방의 등대
역할을 할 수 있는 이미지를 살린 것이었다. 제단을 중심으로
예배하는 것이 제단 상부 천광램프로 튀어 하늘과 대화하게
디자인 되었다. 1층은 다목적 기능 활동을 가능하게 하고 외형
은 지역적 특성을 살려 등대의 이미지를 부각시켰다.

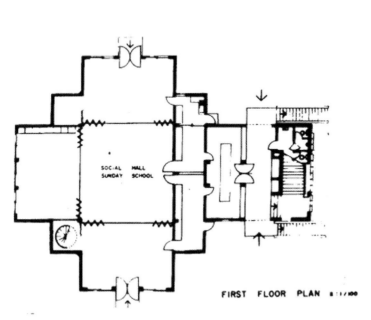

SOCIAL HALL
SUNDAY SCHOOL

FIRST FLOOR PLAN ₁:₁/₁₀₀

DR. POITRASS의 집

작품명	한 글	Dr. POITRASS의 집		
	영 문	Dr. POITRASS HOUSE		
	건 축 가	김석재		

기본사항	소 재 지	서울시 서대문구 대신동		
	설계년도	1970	준공년도	1971
	지 역		지 구	
	시설분류	단독주택	건 폐 율	
	대지면적	660㎡	용 적 율	
	건축면적		코아비율	
	연 면 적	186㎡	실내주차	
	지 상	1	실외주차	
	지 하			
	구조형식	벽돌조		
	내부마감			
	외부마감			
	건 축 주	미)감리교 선교부		

Dr. POITRASS의 집

작품설명

단편적이나마 개괄해 본 이 건축의 한국성 추구는 언급 외의
요소에도 면밀히 배려되어 있다. 또한 표명된 건축성은 건축
가 김석재 씨 작품의 전후 맥락을 살펴볼 때 결코 우연한 발상
일 수 없는 일관성과 정신성에서 추출된 농축액으로 이것은
섭취되어야 할 자양분의 하나이다. 이와 같은 자양요소는 이
미 있어 왔고 또 생산되어질 것이나 문제는 그것이 깊이 흡수
되어지지는 않는 것이다. 따라서 결론적으로 이 주택을 통해
새삼스러이 확인해 보는 사실은 스스로에게 가장 익숙한 방법
으로 한국성이란 대상을 향해 절실하게 마음을 여는 구조적
자세가 필요할 것이라는 생각이다.

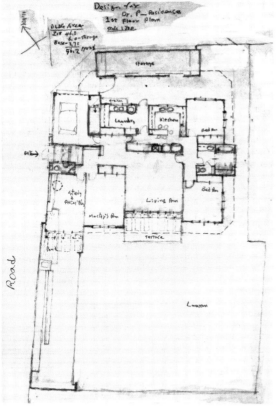

인천 주안교회

작품명	**한 글**	인천 주안교회	
	영 문	INCHON-JOOAN methodist church	
	건 축 가	김석재	

기본사항	**소 재 지**	인천광역시 주안구		
	설계년도	1970	**준공년도**	1971
	지 역		**지 구**	
	시설분류		**건 폐 율**	0%
	대지면적	0m²	**용 적 율**	0%
	건축면적	0m²	**코아비율**	0%
	연 면 적	850m²	**실내주차**	
	지 상	3	**실외주차**	
	지 하	1		
	구조형식			
	내부마감			
	외부마감			
	건 축 주	교회		

인천 주안교회

작품설명

극도의 대지 제한 때문에 구형의 평면구성이 불가피하였다.
남, 북측에 철로와 경인가로의 긴밀한 동선 이동 시선 사이에
위치하므로 인해 외형은 수직적인 벽체의 다이나믹에서 조화
를 찾았다. 내부공간은 오직 하늘과의 대화 형성이란 점에 주
력하였다.

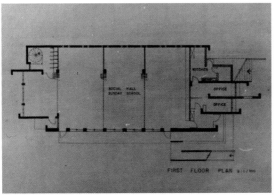

FIRST FLOOR PLAN

수원 제암교회

작품명	한 글	수원 제암교회		
	영 문	Je Am methodist church		
	건 축 가	김석재		
기본사항	소 재 지	경기도 횡성군 향남면 제암리		
	설계년도	1972	준공년도	1973
	지 역		지 구	
	시설분류		건 폐 율	0%
	대지면적	0㎡	용 적 율	0%
	건축면적	750㎡	코아비율	0%
	연 면 적	750㎡	실내주차	
	지 상	1	실외주차	
	지 하	1		
	구조형식	RC조		
	내부마감			
	외부마감			
	건 축 주	교회		

수원 제암교회

작품설명

본 성소는 3.1운동 때 일본군에 의해 희생된 29명의 제암교회 순교자들을 추모하기 위해 건립된 것이다. 한국의 전통적 농촌풍경을 간직한 건축대지의 소박하고 평화로운 이미지(낮은 구름의 능선, 초가지붕, 논두렁의 볏가리며 오솔길들)와 종교적인 순교의 의미를 함께 표현할 수 있는 조형 언어로서 건축가는 원통의 형태를 발견하였으며 이들 형태를 몇 가지로 변화 있게 정리하여 조형물 간의 내적인 평화로운 대화의 밀도와 외적으로는 순교 정신의 호소 내지는 절규의 감도를 강조함으로써 본 기념 예배당의 형이상학적 본질로 삼았다.

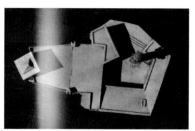

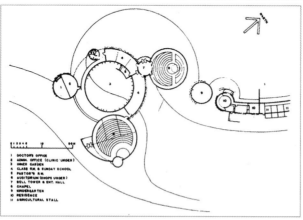

1   DOCTOR'S OFFICE
2   ADMIN. OFFICE (CLINIC UNDER)
3   INNER GARDEN
4   CLASS RM. & SUNDAY SCHOOL
5   PASTOR'S RM.
6   AUDITORIUM (SHOPS UNDER)
7   BELL TOWER & ENT. HALL
8   CHAPEL
9   KINDERGARTEN
10   RESIDENCE
11   AGRICULTURAL STALL

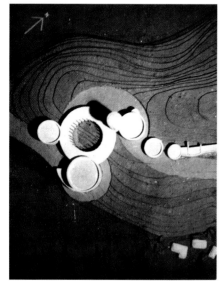

원주제일교회

작품명	한 글	원주제일교회		
	영 문	Won-Joo First methodist church		
	건 축 가	김석재		

기본사항	소 재 지	강원도 원주시		
	설계년도	1972	준공년도	1973
	지 역		지 구	
	시설분류		건 폐 율	0%
	대지면적	0m²	용 적 율	0%
	건축면적	0m²	코아비율	0%
	연 면 적	660m²	실내주차	
	지 상	2	실외주차	
	지 하	1		
	구조형식			
	내부마감			
	외부마감			
	건 축 주	교회		

원주제일교회

작품설명

1972년 계획·설계되어 1973년 완공되었다.

설계 및 시공 – 턴키케이스(알파오메가/Korea Const, Co)

건축주, 교회 측이 한국적 교회 설계를 요청하여 설계자와 잘
협의, 협력되었다. 빈약한 예산이나마 그런대로 주변의 이해
도가 매우 두터웠다.

인사동 통인가게

작품명	한 글	인사동 통인가게		
	영 문	Tong-In BLDG		
	건 축 가	김석재		
기본사항	소 재 지	서울시 종로구 인사동		
	설계년도	1972	준공년도	1973
	지 역		지 구	
	시설분류		건 폐 율	0%
	대지면적	330.58m²	용 적 율	0%
	건축면적	0m²	코아비율	0%
	연 면 적	793m²	실내주차	
	지 상	6	실외주차	
	지 하	3		
	구조형식	RC-벽돌		
	내부마감			
	외부마감			
	건 축 주	김완규		

인사동 통인가게

작품설명

이 건물은 다기, 그릇, 장식품 같은 생활 공예품 및 고가구 판매점과 함께 지하 1층에는 화랑, 5층에는 고가구 전시장이 있는, 이를테면 소규모 백화점인 셈이다. 1, 2층은 유리로 마감된 반면 3층 위로는 창이 거의 없는 벽으로 처리해 6층이라는 규모에 비해 그다지 높아보이지 않도록 했다. 6층의 가로로 길게 난 창은 양끝이 둥글게 말려 올라간 모양인데, '장경호'라는 옛날 가야, 신라 시대의 목이 긴 토기 형태에서 따온 것이다.

연세대학교 루스채플

작품명	한　글	연세대학교 루스채플
	영　문	Luce Chapel, Yonsei University
	건 축 가	김석재

기본사항	소 재 지	서울시 서대문구 신촌동 134 연세대학교		
	설계년도	1974	준공년도	1975
	지　역		지　구	
	시설분류	교육연구, 문화 및 집회시설	건 폐 율	43.36%
	대지면적	1144㎡	용 적 율	597.85%
	건축면적	496.06㎡	코아비율	
	연 면 적	9993.53㎡	실내주차	
	지　상	1	실외주차	
	지　하	1		
	구조형식	철근콘크리트조		
	내부마감			
	외부마감			
	건 축 주	연세대		

연세대학교 루스채플

작품설명

조선시대 수경원 터에 지은 종교활동을 위한 건물이다. 채플
은 남북측으로 배치되었으며, 캠퍼스의 주 진입로인 백양로를
따라오다가 오른쪽 언덕 위로 올라오면서 진입하도록 되어 있
다. 철과 유리, 그리고 콘크리트를 주재료로 사용한 건물이지
만 얼른 보아 과감하게 뻗어나온 캔틸레버 지붕이 홀과 채플
을 덮고 있어 한옥의 독특한 분위기가 짙게 깔린 느낌을 주는
건물이다. 높이 3m 내외의 계단을 통하여 들어서면 테라스 홀
과 채플이 있고, 그 안쪽에 부속공간이 배치되었다. 종교적인
건물로서의 상징성이 잘 표현되었다.

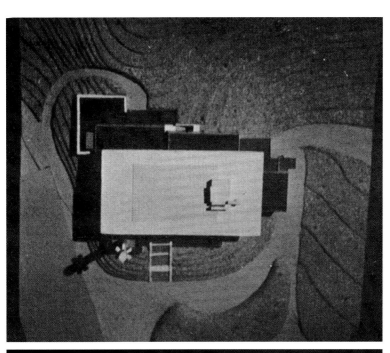

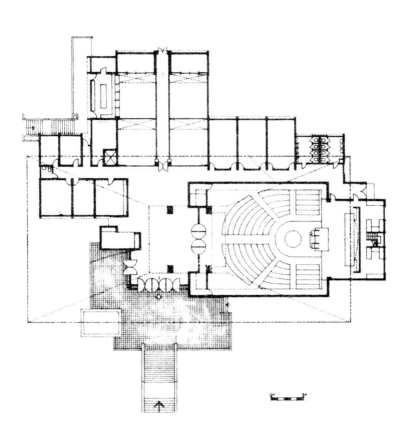

인천 작전동교회

작품명	한 글	인천 작전동교회		
	영 문	Jak-Jun dong methodist church		
	건 축 가	김석재		
기본사항	소 재 지	인천광역시 계양구 작전동		
	설계년도	1977	준공년도	1978
	지 역		지 구	
	시설분류		건 폐 율	0%
	대지면적	100㎡	용 적 율	0%
	건축면적	660㎡	코아비율	0%
	연 면 적	1500㎡	실내주차	
	지 상	4	실외주차	
	지 하	1		
	구조형식	RC조		
	내부마감			
	외부마감			
	건 축 주	교회		

인천 작전동교회

작품설명

1977년 계획·설계되어 1978년 완공되었다.

설계 및 시공 - 턴키케이스(알파오메가/Band San Const. Co)

개척단계의 공단근로자 교회로서 빈약한 예산으로나마 근로
자의 삶의 터로서 많은 희망을 준 건축물로 여겨진다.

화가 윤명로의 집

작품명	한 글	화가 윤명로의 집		
	영 문	Artist Yoon Myung Ro house		
	건 축 가	김석재		

기본사항	소 재 지	서울시 종로구 평창동		
	설계년도	1977	준공년도	1979
	지 역		지 구	
	시설분류		건 폐 율	0%
	대지면적	582㎡	용 적 율	0%
	건축면적	170㎡	코아비율	0%
	연 면 적	449㎡	실내주차	
	지 상	1	실외주차	
	지 하	2		
	구조형식			
	내부마감			
	외부마감			
	건 축 주	윤명로		

화가 윤명로의 집

작품설명

단층인 이 집은 집 건물 가운데에 뜰을 품고 있는 미음자꼴로
보기 드물게 생긴 집이다. 그 뜰은 가로와 세로가 칠 미터인
정사각형이다. 그 중정의 서쪽에 붉은 벽돌로 쌓은 담이 있으
며 그 담의 윗부분에 가로로 길게 창이 나 있고, 나머지 담들
은 죄다 유리벽이어서 마치 온실 같은 분위기가 난다. 북쪽 유
리벽에 이 집을 지을 때에 심었다는 시누대의 시원스런 이파
리들이 무성한데 현관에 처음으로 들어선 이들이 붓질을 한
것으로 착각할 만큼 흐드러진 자태가 맵시가 있다(현관에 들
어온 사람들이 자꾸 그 유리창에 부딪쳐서 대를 심었다고 주
인이 귀뜸 해 준다). 그 맞은편에 굵은 소나무가 서 있다. 집을
짓기 전부터 그 자리를 지키고 있었다고 한다. 부추꽃과 고사
리류와 들풀을 거느린 그 소나무 옆에 커다란 맷돌이 놓여 있
고, 서쪽의 붉은 벽돌의 담 앞에는 석등이 다소곳이 서 있다.
단순함, 담백함과 세련된 절제가 번뜩이는 매우 차분하고 운
치 있는 마당이다.

그 중정을 중심으로 해서 북쪽에 현관이 있고 서쪽에 방이 나
란히 셋, 남쪽에는 응접세트를 놓은 네 평쯤의 "패밀리룸"이
딸려 있으며, 동쪽에 거실이 있다. 그 공간들은 제각기 그 가운
데 뜰 둘레를 도는 폭 일 미터쯤의 조붓한 복도로써 연결된다.
복도에는 벽마다 그림들이 알맞은 간격으로 걸려 있다. 가운
데 뜰이 차분한 운치가 어울려서 천천히 거닐면 화랑에 와 있
는 듯한 은은한 느낌을 맛보게 된다.

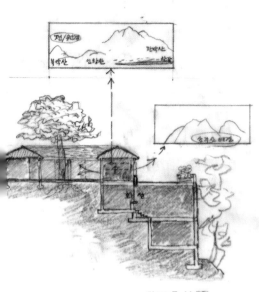

단연도 1:200

특전사령부교회

작품명	한 글	특전사령부교회		
	영 문	HQ CHAPEL of Special Force		
	건 축 가	김석재		
기본사항	소 재 지	서울시 송파구 거여동		
	설계년도	1980	준공년도	1980
	지 역		지 구	
	시설분류		건 폐 율	0%
	대지면적	0㎡	용 적 율	0%
	건축면적	0㎡	코아비율	0%
	연 면 적	300㎡	실내주차	
	지 상		실외주차	
	지 하			
	구조형식	RC조		
	내부마감			
	외부마감			
	건 축 주	특전사령부		

특전사령부교회

작품설명

1980년 12.12사태 직후 사령부 군인들과 알파오메가, Korea
Const, Co.가 헌신적으로 노력하여 헌납된 군인교회이다. 특
전부대 베레모를 상징으로 하여 외형을 갖추고 있다.

서울 Korea BLDG

작품명	한　　글	서울 Korea BLDG		
	영　　문	KOREA Co.-BLDG		
	건 축 가	김석재		

기본사항	소 재 지	서울시 강남구 논현동		
	설계년도	1982	준공년도	1983
	지　　역		지　　구	
	시설분류		건 폐 율	0%
	대지면적	700㎡	용 적 율	0%
	건축면적	350㎡	코아비율	0%
	연 면 적	400㎡	실내주차	
	지　　상	10	실외주차	
	지　　하	2		
	구조형식	RC조		
	내부마감			
	외부마감			
	건 축 주	(주)코리아건설		

서울 Korea BLDG

작품설명

1982년~1983년에 알파오메가/Korea Const, Co. 자체 사옥건
물로 자체적으로 설계, 시공되었다. 평범한 건물이지만 전통
적인 구조양식을 구현해 보려는 모습이 깃들어 있다.

서울 Union Club-Clark Hatch Physical Fitness Center

작품명	**한글**	서울 Union Club-Clark Hatch Physical Fitness Center
	영문	Union Club-Clark Hatch Physical Fitness Center
	건 축 가	김석재

기본사항	**소 재 지**	서울시 중구 순화동		
	설계년도	1983	**준공년도**	1984
	지 역		**지 구**	
	시설분류		**건 폐 율**	0%
	대지면적	0㎡	**용 적 율**	0%
	건축면적	0㎡	**코아비율**	0%
	연 면 적	2500㎡	**실내주차**	
	지 상	7	**실외주차**	
	지 하	2		
	구조형식	RC조		
	내부마감			
	외부마감			
	건 축 주			

서울 Union Club-Clark Hatch Physical Fitness Center

작품설명

서울 Union Club은 고종황제 당시 우리나라 초유의 체육장인 경성체육구락부(선교단체)이며 본 대지는 현대 서양체육문화 도입의 역사적인 터이다. 1983년~1984년에 알파오메가와 Korea Const, Co. 턴키로 완공되었다. 서울 경성체육구락부가 서울 Union Club(주한 외국인 클럽)으로 변신하였고 미국의 저명한, 동양권에 수많은 지사를 보유한 Physical Fitness의 전문가 Clark Hatch가 서울 Union Club과 연합하여 본 Center를 건립하게 되었다. 서울 도심권 서소문의 비좁은 공간에서 Physical Fitness의 기능적·정신적 형태를 구사하고 있다.

서울 명륜플라자

작품명	한 글	서울 명륜플라자
	영 문	Myung-Ryun PLAZA
	건 축 가	김석재

기본사항

소 재 지	서울시 종로구 명륜동			
설계년도	1990	준공년도	1991
지 역		지 구	
시설분류		건 폐 율	0%
대지면적	0㎡	용 적 율	0%
건축면적	0㎡	코아비율	0%
연 면 적	3300㎡	실내주차	
지 상	10	실외주차	
지 하	2		
구조형식	RC조		
내부마감			
외부마감			
건 축 주	이경형		

서울 경동교회

작품명	한 글	서울 경동교회
	영 문	Kyung Dong methodist church
	건 축 가	김석재

기본사항	소 재 지	서울시 성북구 안암동		
	설계년도	1994	준공년도	1995
	지 역		지 구	
	시설분류		건 폐 율	0%
	대지면적	0m²	용 적 율	0%
	건축면적	0m²	코아비율	0%
	연 면 적	2500m²	실내주차	
	지 상	3	실외주차	
	지 하	2		
	구조형식	RC조		
	내부마감			
	외부마감			
	건 축 주			

ARiCK

*Architecture Research &
Information Center of KIA*

서울 경동교회

작품설명

1994년 계획·설계되어 1995년 완공되었다.

설계·시공 – 턴키케이스(알파오메가/Bang San Const, Co.)

대지 조건이 급 경사지로 악조건이었고 극히 빈약한 예산으로
복합적인 다목적, 그리고 성서적인 근거를 표현하려고 노력한
건축물이다.

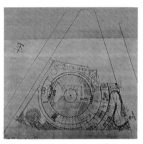

고신대학교 의학부 본관
리노베이션/리모델링

작품명	**한 글**	고신대학교 의학부 본관 리노베이션/리모델링
	영 문	KO-SIN UNIV. ADM-BLDG, RENOVATION
	건 축 가	김석재

기본사항

소 재 지	부산광역시 서구 암남동 34		
설계년도	2000	**건 축 주**	
지 역		**준공년도**	2001
시설분류	교육연구	**지 구**	
대지면적	0m²	**건 폐 율**	0%
건축면적	1568.62m²	**용 적 율**	0%
연 면 적	6159.46m²	**코아비율**	0%
지 상	5	**실내주차**	
지 하		**실외주차**	
구조형식	철근콘크리트조		
내부마감			
외부마감	지정색 적벽돌 치장쌓기, THK30화강석 버너구이, 알미늄스펜드럴 및 드라이비트 마감		

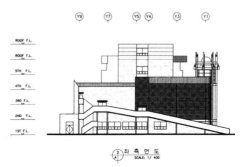

ROOF F.L.
ROOF F.L.
5TH F.L.
4TH F.L.
3RD F.L.
2ND F.L.
1ST F.L.

② 좌 측 면 도
SCALE; 1/ 400

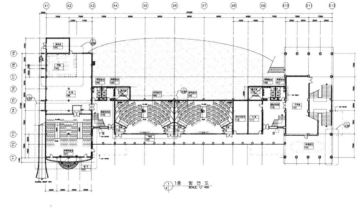

① 1층 평 면 도
SCALE; 1/ 400

① 정 면 도
SCALE; 1/ 400

국립보건원 유전체 연구소 증축

작품명	한 글	국립보건원 유전체 연구소 증축		
	영 문			
	건 축 가	김석재		

기본사항	소 재 지	서울시 은평구 녹번동 5번지 외 14필지		
	설계년도	2000	준공년도	2001
	지 역	일반주거지역, 일반상업지역	지 구	2종 미관지구
	시설분류	교육연구	건 폐 율	0%
	대지면적	27573.1㎡	용 적 율	0%
	건축면적	0㎡	코아비율	0%
	연 면 적	0㎡	실내주차	
	지 상		실외주차	
	지 하			
	구조형식			
	내부마감			
	외부마감			
	건 축 주	국립보건원		

국립보건원 유전체 연구소 증축

작품설명

2000년에 설계되어 2001년에 착공되었다. 21세기 첨단과학분야의 국립 유전자연구소로서 기록될 수 있겠다. 기능의 절대성과 수년 내 이전 계획에 따른 철골·조립식 건축 설계로 빈약한 예산으로 인해 성실 시공 기대는 염려스럽다.

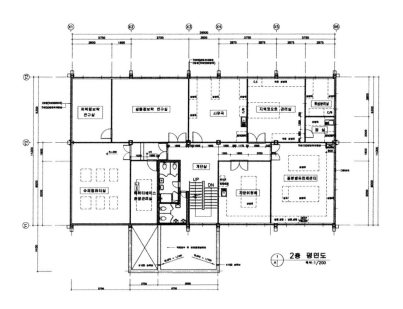

2층 평면도
축척:1/200

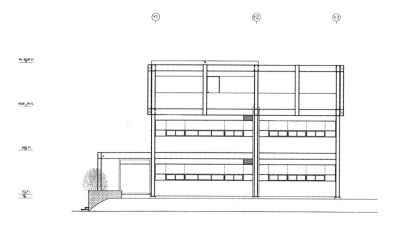

우 측 면 도
축척:1/100

국립의료원 장례식장

작품명 **한 글** 국립의료원 장례식장
영 문 National Medical Center-Funeral House
건 축 가 김석재

기본사항 **소 재 지** 서울시 중구 을지로6가 18-79

설계년도	2000	**준공년도**	2001
지 역	일반상업지역	**지 구**	1종 미관지구,
시설분류			방화지구
대지면적	27573.1㎡	**건 폐 율**	0%
건축면적	0㎡	**용 적 율**	0%
연 면 적	2188.37㎡	**코아비율**	0%
지 상		**실내주차**	
지 하		**실외주차**	
구조형식			
내부마감			
외부마감			
건 축 주	국립의료원		

국립의료원 장례식장

작품설명

2000년에 설계되어 2001년에 착공되었다. 우리나라의 장례문화가 혐오시설 · 기피시설 등으로 부끄러운 바가 컸었으나 본 건물이 현재 개혁되어지고 있는 장례예식장의 Model이 될 수도 있다고 사려된다. 계획 · 설계 · 예산 · 운영관리 전반에 걸쳐 종래의 장례문화에서 탈피하여 결혼예식장에 준하는, 또는 그 이상의 장례 문화공간으로 변모하여 자리 잡게 될 수 있으리라 기대된다.

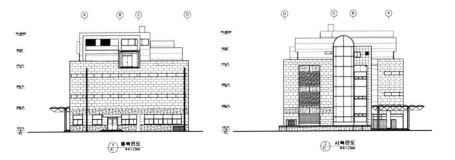

A B C D   D C B A

동측면도
축척:1/300

서측면도
축척:1/300

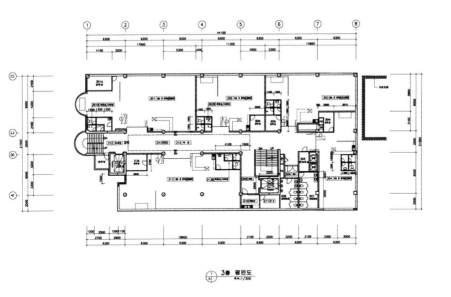

3층 평면도
축척:1/300

충북대학교 GLP 연구소

작품명	한 글	충북대학교 GLP 연구소
	영 문	National CHOONG-BUK UNIV-GLP
	건 축 가	김석재

기본사항	소 재 지	충북 청주시 흥덕구 개신동 산48번지 충북대학교 부지내		
	설계년도	1999	준공년도	2002
	지 역		지 구	
	시설분류	교육연구	건 폐 율	0%
	대지면적	0㎡	용 적 율	0%
	건축면적	1107.01㎡	코아비율	0%
	연 면 적	6134.97㎡	실내주차	
	지 상	6	실외주차	
	지 하	1		
	구조형식	철근콘크리트조		
	내부마감			
	외부마감			
	건 축 주	충북대		

충북대학교 GLP 연구소 National CHOONG-BUK UNIV-GLP

작품설명

1999년에 설계되어 2000년에 착공되었다. 생명공학 분야의 초현대적 기능을 갖춘 연구소 건물로서 기능을 절대시하여 계획·설계하였다. 앞으로 생명공학 설계 분야에 좋은 모델이 되어질 것으로 기대된다.

가원중학교 교사 증축

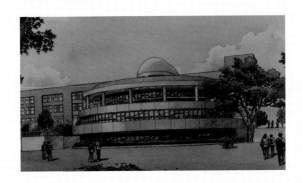

작품명	**한 글**	가원중학교 교사 증축	
	영 문	KA-Won middle school CLASS Room BLDG	
	건 축 가	김석재	

기본사항	**소 재 지**	서울시 송파구 가락동 106-3		
	설계년도	2001	**준공년도**	2002
	지 역	일반주거지역	**지 구**	
	시설분류	교육연구	**건 폐 율**	0%
	대지면적	0m²	**용 적 율**	0%
	건축면적	6982.5m²	**코아비율**	0%
	연 면 적	0m²	**실내주차**	
	지 상		**실외주차**	
	지 하			
	구조형식			
	내부마감			
	외부마감			
	건 축 주	교육청		

CGS-PROJECT
(발효 병합 처리시설)

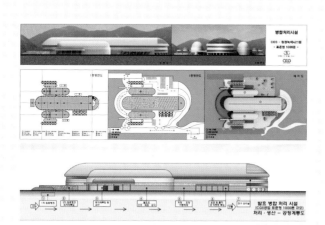

CGS-PROJECT
(발효 병합 처리시설)

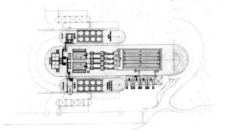

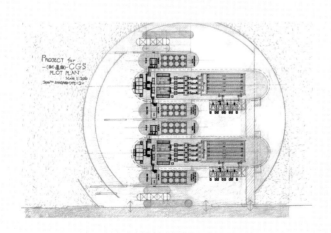

CGS-PROJECT
(발효 병합 처리시설)

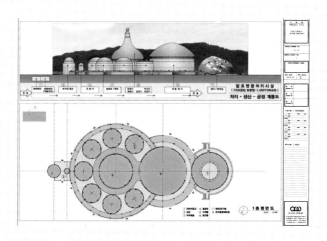

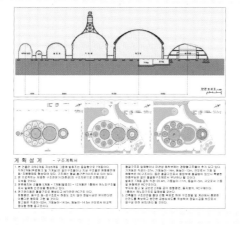

CGS-PROJECT
(발효 병합 처리시설)

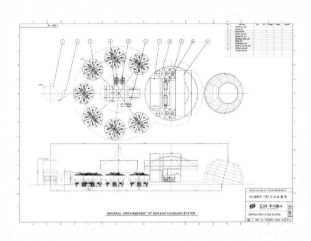

GENERAL ARRANGEMENT OF SEWAGE HANDLING SYSTEM

CGS 신축공사 - 투시도